SERIE
DEI CONJ DI MEDAGLIE PONTIFICIE
DA
MARTINO V.
FINO A TUTTO IL PONTIFICATO
DELLA S.AN. MEM.
DI
PIO VII.
ESISTENTI NELLA PONTIFICIA ZECCA
DI ROMA

ROMA MDCCCXXIV.

Presso Vincenzo Poggioli Stampatore Camerale.

È antico e lodevol costume de'colti, e ben sistemati Governi il tenere nella principale Zecca de'loro Stati un Gabinetto particolare delle Medaglie, e de'Conj in qualunque tempo incisi per ordine e servigio Sovrano. Questa raccolta gelosamente custodita, oltre all'essere di decoro, e profitto a'Governi medesimi, torna sommamente utile alla Storia, a cui con la serie di memorabili fatti che appresenta, serve bene spesso di lume e di prova.

Il Pontificio nostro Governo altronde tanto benemerito di ogni maniera di *Studj*, e di belle Arti, e sempremai sollecito di quanto può contribuire al maggior lustro del Principato e della nostra Roma, sembrò per lungo tempo trascurare un sì pregevole stabilimento; ed era anzi presso di esso invalso l'uso di lasciare a'Camerali Incisori la proprietà de'Conj, e quindi anche la facoltà privativa delle coniazioni de'Pontificj Numismi. Tale sistema continuò ad aver luogo per più secoli, finchè sotto il Pontificato di Pio VI. di glor. mem. cominciossi a prendere alcun saggio provvedimento per ovviarvi. Possedevasi a quel tempo dalla Famiglia Hamerani, celebre pei valenti Incisori in metallo che avea prodotti, una Raccolta di N.° 355. Conj di Pontificie Medaglie da Marti-

no V. fino ad Innocenzo XI. , i quali uniti agli
altri poscia incisi dagli Hamerani stessi per servigio de'Successivi Pontefici formavano una serie
considerevole di N.° 748. Conj. Non tardò il Pontificio Governo ad avvedersi quanto una simile Col-
lezione interessasse il decoro della S. Sede e di
Roma; quindi impeditane la vendita fuori di Stato ne fece esso stesso l'acquisto nel 1796. a nor-
ma della Perizia antecedentemente fattane dal celebre Winkelmann , e depositolli in questa Zecca
Pontificia. Fu in tale occasione che recedendo dall'
uso introdotto, stabilì che i Conj tutti di Medaglie da incidersi in appresso , dovessero da'Camerali Incisori consegnarsi alla Zecca medesima, onde aggiunti alla Raccolta Hamerani potessero compen-
sare ciò che erasi omesso ne'tempi antecedenti.

Con questo metodo costantemente dipoi os-
servato , la serie de'Pontificj Conj esistenti in Zecca andò tutto dì aumentandosi. Essa però era ancora ben lungi dal poter dirsi completa, e tale da
corrispondere a'desiderj degli Eruditi , ed alla dignità del Principato cui apparteneva. Diffatti vi
si scorgevano in varii Pontificati de' vuoti notabi-
li da riempiere ; eranvi alcuni Conj, che abbiso-
gnavano di restauro; faceva duopo un capitale,
onde procedere alla coniazione di una quantità di
Medaglie disponibile alla opportunità per soddisfare alle ricerche degli Amatori ; infine era a
stabilirsi in Zecca un conveniente locale, ove ad
imitazione degli altri Sovrani Gabinetti di Europa rimanessero esposte agli sguardi del Pubblico.
Le vicende politiche de'tempi, le circostanze eco-
nomiche dell'Erario , i lavori in cui bene spesso
trovossi impegnata la Zecca , opposero forti osta-
coli all'eseguimento di queste moltiplici e dispen-

)(

diose Operazioni. Finalmente nel 1822 la saggia
avvedutezza di S. E. Rma Monsig. Bellisario Cri-
staldi Tesorier Generale, ed il vivo impegno che
Lo anima per l'onore, e vantaggio del Principato, seppe superare ogni difficoltà; ed approvato
il piano presentato a tal effetto dal Direttore della Zecca medesima, col presidio di congrua somma si pose mano al perfezionamento di sì nobile
impresa. E quì si fecero presso i Privati le più
diligenti ricerche, onde procacciare alla serie i
Conj mancanti; le quali per buona ventura incon-
trarono un esito felicissimo. Perciocchè trovossi
esistere nella Biblioteca Barberini una raccolta di
N.° 193. Conj Pontificj oltremodo a proposito pel
fine desiderato. Quindi dietro perizia del Ch: Sig.
Filippo Aurelio Visconti se ne fece l'acquisto a
commodo del Governo, e vi si aggiunsero in seguito altri N.° 11. Conj acquistati dagli Eredi del
rinomato Incisor Mercandetti. In tal guisa, pie-
namente completata la serie, e restaurati i conj
che lo esigevano, si è mandata ad effetto la coniazione di parecchie serie di medaglie, per le
quali è stato destinato in Zecca un'opportuno locale. Ed ecco che sotto gli auspicj del presente
glorioso Pontificato di N. S. Papa Leone XII. si
ha finalmente la soddisfazione di annunciare al
Pubblico il pieno compimento di un'opera, che
aggiugnerà un novello ornamento a questa Domi-
nante, e moltiplicherà le nostre obbligazioni verso le vigili e sapienti cure del Pontificio Governo. Nè poi è dubbio che la medesima verrà ac-
colta con eguale plauso e gradimento da' Governi,
e dagli Eruditi tutti d'ogni culta Nazione, met-
tendoli in grado di arricchire i loro pubblici o

privati Gabinetti di una preziosa, ed affatto uni-
ca raccolta di Pontificie Medaglie.

La serie composta in tutto di N.° 572. Numismi comincia dalla Elezione di Martino V. avvenuta nel 1417., e termina con l'ultimo anno
del Pontificato di Pio VII. di sempre fel. ricord.
Qual poi ne sia il pregio sì pe' copiosi monumenti che offre di sagra, e profana erudizio-
ne, sì per la maestrìa ed eleganza del lavoro d'incisione, è cosa abbastanza nota agli Eruditi, perchè non faccia duopo di molte parole a
dimostrarlo. Basta a questo effetto percorrere gli
applauditi Trattati che ne pubblicarono il Moli-
net, * il Bonanni **, ed il Venuti, *** i quali ad
ogni tratto ne fanno i più distinti encomj, e trag-
gono da essa lumi per sempre più rischiarare la
Pontificia Storia degli ultimi quattro Secoli. Vero
è che principalmente sotto i più antichi Pontificati non sempre è possibile il determinare l'Auto-
re di ciascheduna medaglia. Ma gli Eruditi ben
sanno, che sotto Martino V. incise con lode i
Pontificj Numismi Vittore Pisano, o Pisanello;
che da Eugenio IV. a Pio III. si segnalò in tal
genere Andrea Cremonese; che il Pontificato di
Sisto IV. ebbe un valente Artefice in Vittore Ca-
melio; che sotto Leone X., Adriano VI., Clemente VII., Paolo III. molti numismi furon opera del-
l'Immortale Urbinate, di Giulio Romano, del
celebre Benvenuto Cellini, e di altri sommi, di

---

* Historia Sum. Pontif. per eorum Numismata.
** Numismata Pontificum Romanorum quae a tempore Martini V. usque ad An MDCXCIX. etc
*** Numism Pont. Roman. praestantiora a Martino V. ad Benedict. XIV.

cui andò oltremodo feconda quella età sì propizia alle Lettere e alle Arti Belle. Fiorirono quindi da Giulio III. a Gregorio XIII. i Padovani Gioanni Cavino, e Alessandro Bassiani, e i rinomati Parmensi; nè minor lode meritarono da Sisto V. a Clemente VIII. Nicola Bonis, da Paolo V. ad Alessandro VII. Giorgio Ravennate, Gio: Antonio Moro, Gasparo Molo, e sovra d'ogni altro il sì ammirato Cormanno. Vennero dipoi Ferdinando di S. Urbano, ed i celebri Hamerani tanto benemeriti di quest'arte. Sulla qual cosa è a vedersi il Venuti nella prefazione alla Opera citata in cui novera molti altri antichi Artefici di Pontificie Medaglie, che per amore di brevità qui si tralasciano. Nè poi l'età presente può dirsi in tale Arte inferiore alle trascorse; poichè ad ognuno è palese a qual grado di perfezione sia giunto in essa il Mercandetti di cui recente è la perdita; ed ora sì giustamente ammiransi i due bennoti Academici di S. Luca Sigg. Girometti, e Cerbara, testè prescelti ad Incisori Camerali, da' quali il culto Pubblico aspettasi ogni giorno opere sempre più commendevoli.

Compiutosi pertanto ciò ch'era a desiderarsi rispetto allo stabilimento in quistione, la Pontificia Zecca di Roma terrà sempre in pronto più Serie battute de' mentovati Numismi per disporne a commodo degli Amatori sia in intiero sia in dettaglio. A questo effetto se ne publica qui appresso un esatto e fedele catalogo.

Riguardo al prezzo attribuito a ciascun numisma, questo si è calcolato generalmente sulla grandezza dei Diametri. Siccome però i medesimi offrono una moltiplicità di differenze fra loro, bene spesso insensibili, sarebbe stata cosa

troppo operosa il voler determinare con iscrupolo-
sa precisione il diametro proprio di ogni medaglia. Si è quindi stimato convenevole di formare
la Tavola N.° I. nella quale di due in due millimetri
sono stati fissati i limiti entro i quali il diametro
di ogni numisma trovasi racchiuso. In fine poi di
ciascuna medaglia riportata nel catalogo si è apposto un numero fra parentesi che corrisponde
alla numerazione della indicata tavola, onde non
si ha che a consultar questa per avere una idea
approssimativa del diametro del numisma, e cono-
scere il prezzo che gli appartiene. Peraltro era
cosa troppo ragionevole nello stabilire i prezzi di
tali medaglie, il fare una qualche distinzione di
quelle, che in singolar modo raccommandansi per
la maggiore eleganza del lavoro, e loro rarità con-
fermata dalla testimonianza de' prelodati Scrittori.
Di queste adunque si è fatta una Tavola particolare N.° II. apponendovi il respettivo prezzo va-
lutato non solo a seconda del diametro, ma ezian-
dio del maggior loro pregio. Desiderando tuttavia
il Pontificio nostro Governo di rendere sempre
più agevole agli Amatori, e publici Gabinetti l'acquisto di tutta la serie, si fa noto che chiunque
acquisterà la serie medesima per intiero, niuna
medaglia eccettuata, non dovrà soddisfare se non
il prezzo generalmente fissato nella Tav. I. ai Numismi a seconda de' loro diametri, cioè la somma di sc. 168. 58.

Sovente alcun Pontefice fece uso del conio
di un suo Predecessore; nel qual caso si è ag-
giunta una nota per avvertirlo. Dove è sembrato
a proposito, dietro la scorta de prelodati Auto-
ri, si è dato un qualche cenno sull'allusione della medaglia. Infine nulla si è omesso per rendere

questo lavoro di piena soddisfazione del Pubblico.

Tanto si è giudicato opportuno di premettere per dar piena contezza di questa singolare raccolta, che formerà un nuovo titolo di riconoscenza alla gloriosa memoria di Pio VII., sotto il cui Pontificato ebbero luogo gl' incrementi, e pressochè il totale perfezionamento di essa. E perchè ne rimanga perpetua la rimembranza, si è apposto in questa Zecca Pontificia un marmo con la seguente iscrizione, dettata con aureo stile dal chiar. Sig. Ab. Amati.

PIO . SEPTIMO . PONTIFICI . MAXIMO

QVOD·VETVSTIS.TYPIS.A.A.A. F. F. MVNIFICE. COMPARATIS

NOMISMATVM . PONTIFICIORVM . SERIEM

A . MARTINO · V . AD . SVA . TEMPORA · COMPLEVERIT

EAQVE . NOVA · SVPELLECTILE

OFFICINAM : MONETALEM · DITAVERIT

ARTI . ATQVE . HISTORIAE . CONSVLVERIT

CVRANTE BELISARIO CRISTALDIO·AERARII PREFECTO

ANNO· MDCCCXXIII. PONTIFICATVS· EIVS· XXIV.

F. Mario Direttore

)(1)(

SERIE DEI CONJ
DELLE MEDAGLIE PONTIFICIE
DA
MARTINO V.
A TUTTO IL PONTIFICATO
DI PIO VII.
DI SAN. MEM.

———

MARTINO V.

I

1 MARTINUS. V. COLUMNA. PONT. MAX.
Effigie del Pontefice con capo nudo , e piviale ornato.
PONT. ANNO. PRIMO. MCDXVII.
Stemma gentilizio del Pontefice con triregno , e chiavi : sotto ROMA. (8)

II

2 Iscrizione , ed Effigie simile all'antecedente.
QUEM. CREANT. ADORANT., nell'esergo ROMAE
Il nuovo Pontefice sedente sotto il Trono , sul quale lo Spirito Santo , è coronato da due Cardinali con altri astanti , e figura genuflessa di un Soldato Svizzero avanti l'altare. (9)

III

3   Iscrizione, ed Effigie simile all'antecedente.
DIRUTAS. AC. LABANTES . URBIS . RESTAUR .
ECCLES nell'esergo COLUMNAE. HUJUS. FIR-
MA. PETRA.
Martino V. risarcì, ed ornò molte Basiliche Roma-
ne, e quì viene espresso il nuovo Portico della
Basilica Vaticana. (8)

IV

4   Iscrizione, ed Effigie simile all'antecedente.
IUSTI. INTRABUNT. PER. EAM.
Porta con gradini con sopra l'immagine del Sal-
vatore, e lateralmente due Candelabri accesi.
Allude alla celebrazione del Giubileo. (8)

EUGENIO IV.

I

5   EUGENIUS. IIII. PONT. MAX.
Effigie del Pontefice con triregno, camauro, e
piviale ricamato.
QUEM. CREANT. ADORANT., nell'esergo ROMAE.
Il Pontefice nuovamente eletto siede sotto il
trono, sopra il quale spira il Santo Spirito,
è coronato da due Cardinali alla presenza degli
altri Mitrati; avanti l'Altare v' è una figura in
adorazione. (9)

(*) Questo Conio appartenente a Martino V. fù adottato
dal Pontefice Eugenio IV.

II

6   Iscrizione , ed Effigie simile all'antecedente.
NICOLAI. TOLENTINATIS . SANCTITAS . CELE-
BRIS . REDDITUR., nell'esergo: SIC . TRIUM-
PHANT. ELECTI.
Il Pontefice con triregno sotto il Trono assi-
stito da Cardinali , e Vescovi Mitrati legge il
Decreto della canonizazione di S. Nicola di To-
lentino; avanti l'altare in aria lo Spirito San-
to con raggj. (9)

III

7   Iscrizione , ed Effigie simile all' antecedente.
REDDE. CUIQUE. SUUM.
Mano celeste fra nuvole regge la Bilancia , e la
Squadra. Esprime la Giustizia simbolo adot-
tato da questo Pontefice. (9)

NICOLO' V,

I

8   NICOLAUS. V. PONT. MAX.
Effigie del Pontefice con triregno , camauro ,
e piviale ricamato legato con monogramma di
Cristo.
TOMAS. LUGANO. DI SARZANA. MCDIIIL.
Stemma del Pontefice con triregno, e chiavi.(10)

II

9   Iscrizione , ed Effigie simile all'antecedente.
ANNO . JUIBIL . ALMA. ROMA. nell'esergo 1450.

Porta Santa chiusa superiormente con raggj. (10)

III

10   Iscrizione, ed Effigie simile all'antecedente.
VICTRIX. CASTA. FIDES.
Croce con due palme traverse, sopra corona di spine . Questo simbolo era espresso al sepolcro del Pontefice. (10)

CALLISTO III.

I

11   CALIXTUS. III. PONT. MAX.
Effigie del Pontefice con Mitra , e piviale.
HOC. VOVI. DEO., nell'esergo UT. FIDEI. HOSTES. PERDEREM. ELEXIT. ME.
La spedizione dell' Armata Navale contro il Turco, della quale aveva fatto voto il Pontefice prima di salire al Pontificato. (8)

II

12   Iscrizione, ed Effigie simile all'antecedente.
NE. MULTORUM. SUBRUATUR. SECURITAS.
Le mura di Roma fortificate. (8)

III

13.   Iscrizione, ed Effigie simile all'antecedente.
OMNES. REGES. SERVIENT. EI.
Croce sul Monte, il triregno sopra, al di sotto raggiera. Fù questo un simbolo del Pontefice per avere estesa la Religion Cattolica. (8)

PIO II

I

14 PIUS. II. PONT. MAX.
    Effigie del Pontefice con camauro, e mozzetta.
GLORIA. SENENSI. D. C. PICCOLOMINI
    Stemma della Famiglia Piccolomini con sopra
chiavi, e triregno. (10)

II

15   Iscrizione, ed Effigie simile all' antecedente.
VELOCITER. SCRIBENTIS. SOBOLES., nell'eser-
go NE. TANTI. ECCLESIAE. PACISQ. AMAN-
TIS. DELEATUR. MEMORIA.
    Tavola con libri in uno de' quali si legge
IMPOSITA. TURCARUM. LEX. Allude alle mol-
te Opere composte da questo Pontefice. (10)

III

16   Iscrizione, ed Effigie simile all' antecedente.
OPTIMO. PRINCIPI.
    In memoria delle insigni qualità d' animo di
questo Pontefice. (10)

PAOLO II

I

17 PAULUS. II. VENETUS. PONT. MAX.
    Effigie del Pontefice con capo nudo, e pivia-
le, sul quale i busti de'SS. Apostoli Pietro,
e Paolo, nel razionale l' arma del Pontefice.

ANNO. MCDLXIV. nell' esergo ROMA.
Stemma del Pontefice con triregno, e chiavi. (10)

II

.18   Iscrizione, ed Effigie simile all' antecedente.
ANNO. CHRISTI MCCCCLXX. HAS. HAEDES
CONDIDIT.
Iscrizione racchiusa in una corona di quercia
che si riferisce all' edificazione del gran Palazzo presso S. Marco. (10)

III

19   Iscrizione, ed Effigie simile all' antecedente.
SOLUM. IN. FERAS. PIUS. BELLATUR. PASTOR.
Allude allo zelo del Pontefice in estirpare la
Eresia. (10)

IV

20   Iscrizione, ed Effigie simile all' antecedente.
HILARITAS. PUBLICA.
Figura stante con palma in una mano, e cornucopio nell' altra. Esprime la pacificazione
d' Italia. (10)

SISTO IV

I

21   SIXTUS. IIII. PONT. MAX.
Effigie del Pontefice con camauro, triregno,
e piviale; stemma nel razionale.
ETSI. ANNOSA. GERMINAT.
Stemma del Pontefice con triregno, e chiavi. (9)

II

22 Iscrizione, ed Effigie simile all' antecedente.
CITA. APERITIO. BREVES. AETERNAT. DIES.
Il Pontefice assistito da Cardinali, e Vescovi
apre la Porta Santa, avánti la quale è ge-
·nuflesso il Popolo. (9)

III

23 Iscrizione, ed Effigie simile all'antecedente.
ANNO. IUBIL. ALMA. ROMA; nell'esergo 1475.
Porta Santa chiusa con raggiera sopra. * (10)

IV

24 Iscrizione, ed Effigie simile all'antecedente.
CONSTITUIT. EUM. DOMINUM. DOMUS, SUAE.
nell' esergo ROMA.
Porta Santa chiusa. (10)

INNOCENZO VIII

I

25 INNOCENTIUS. VIII. PONT. MAX.
Effigie del Pontefice con triregno, e piviale,
ANNO. DOMINI. MCDLXXXIV.
Stemma del Pontefice con triregno, e chia-
vi. (10)

(*) Questo conio mutata l'epoca è il già indicato di Nicolò V.

II

26   Iscrizione , ed Effigie simile all'antecedente.
ECCE . SIC . BENEDICETUR . HOMO . nell' esergo ROMA.

Il Pontefice nella sedia Pontificia assistito da
altra figura sedente , e da un Diacono stante
con libro riceve al bagio del piede un per-
sonaggio , che sembra essere Zizimo figlio di
Maometto II. (10)

A L E S S A N D R O   VI

I

27 ALESSANDRO . VI. PONT. MAX.
Effigie del Pontefice con capo nudo , e pivia-
le , nel quale la Beata Vergine.
RODERICO . LENZUOLA . D. BORGIA . S. P.
MCDXCII.
Stemma del Pontefice con triregno , e chia-
vi. (10)

II

28   Iscrizione , ed Effigie simile all'antecedente.
CITA . APERITIO . BREVES . AETERNAT . DIES.
Il Pontefice assistito dal Clero apre al Popolo
genuflesso la Porta Santa. * (10)

(*) Il Pontefice si servì del Conio di Sisto IV. surri-
ferito.

III

29   Iscrizione , ed Effigie simile all' antecedente.
RESERAVIT . ET . CLAUSIT. ANN. JUB. nell'esergo MD.

Il Sommo Pontefice assistito da Cardinali ,
e Vescovi chiude la Porta Santa. (10)

⌇⌇⌇

P I O   III

I

30   PIUS. III. PONT. MAX. MDIII.

Effigie del Pontefice con capo nudo , e piviale , nel quale lo Spirito Santo con due Cheru-
bini ai lati.

GLORIA. SENENSI . D. C. PICCOLOMMINI.

Stemma del Pontefice , con triregno, e chiavi. * (10).

II

31   Iscrizione , ed Effigie simile all' antecedente.
SUB . UMBRA . ALARUM. TUARUM . nell' eser-
go MDIII.

Il Pontefice sopra la sedia con piviale , e triregno assistito da due Cardinali pone sotto la
sua protezione il Duca Valentini. (10)

───────────

(*) Il Conio è quello di Pio II. della stessa Famiglia,

G I U L I O II

I

32 JULIUS . LIGUR . PAPA . SECUNDUS.
Effigie del Pontefice con capo nudo, e pivia-
le ricamato.
ETSI . ANNOSA . GERMINAT.
Stemma del Pontefice con la quercia gen-
tilizia, e sopra chiavi, e triregno. * (9)

II

33 JULIUS . LIGUR . PAPA SECUNDUS.
Effigie del Pontefice con capo nudo, e pivia-
le ricamato con figura.
VATICANUS. MONS.
Il Tempio Vaticano secondo il disegno di Bra-
mante. (6)

III

34 Iscrizione, ed Effigie simile all'antecedente.
ANNONA. PUBLICA.
Figura gradiente dell'annona coronata di spighe tien nella sinistra il cornucopio, e nella
destra alzata le spighe . Allude alle cure del Pontefice in provvedere Roma di grano nella carestia del 1505. (6)

IV

35 JULIUS . LIGUR . PAPA .SECUNDUS.
Effigie del Pontefice con capo nudo, e piviale rabescato.

___

(*) Conio appartenente a Sisto IV. anch'esso della Ro=
vere.

PORTUS . CENTUMCELLAE.
La Fortezza, e Porto di Civitavecchia con bastimenti. Fù eseguito dal Pontefice questo lavoro nel
1508. (3)

V

36   Iscrizione , ed Effigie simile al N. I.
Iscrizione, e tipo quasi simile all'antecedem-
te in maggior diametro. (9)

VI

37   Iscrizione , ed Effigie simile al N. II.
TEMPLUM. VIRG. LAURETI. nell'esergo MDVIII.
Prospetto del Santuario Lauretano. (5)

L E O N E   X

I

38 LEO. X. PONTIFEX. MAX.
Effigie del Pontefice con capo nudo, e piviale ricamato con immagine di S. Paolo.
GLORIA . ET . HONORE. CORONASTI . EUM.,
sotto ROMA.
Stemma della Casa Medici con triregno, e chiavi. (8)

II

39 Iscrizione , ed Effigie simile all'antecedente.
LIBERALITAS. PONTIFICIA.
Figura che sparge monete dal cornucopio , cui
sostiene con ambo le mani; sopra le Dignità

Ecclesiastiche , Secolari , Letteratura , Belle
Arti espresse dai loro rispettivi emblemi . Allude all'insigne liberalità del Pontefiee special-
mente verso i Letterati , ed Artefici. (9)

III

40 LEO . X PONTIFEX. MAX.
Effigie del Poutefice con capo nudo , e piviale ricamato , ov'è effigiato S. Paolo.
Iscrizione , e tipo simile all' antecedente in
minor diametro. (4)

A D R I A N O VI

I

41 ADRIANUS. VI. PONT. MAXIM.
Effigie del Pontefice con camauro e mozzetta.
QUEM. CREANT. ADORANT., nell'esergo ROMAE.
Il Pontefice sedente nel Trono , sopra il quale' il S. Spirito, è coronato da 'ue Cardin li
coll' assistenza del S. Collegio con Mitre. Allato figura genuflessa avanti l'Altare.* (9)

II

42 Iscrizione, ed Effigie simile all'antecedente.
SPIRITUS. SAPIENTIAE ; nell' esergo ROMAE.
Libri con sopra il triregno rischiarati dallo
Spirito Santo. Allude alla dottrina del Pontefi-
ce. (8)

(*) Conio già riportato di Martino V.

III

43 ADRIANUS. VI. PONT. MAX.
   Effigie del Pontefice con camauro, e mozzetta.
   Iscrizione ed emblema quasi simile all'ante-
   cedente in minor diametro. (4)

IV

44 Iscrizione, ed Effigie simile all'antecedente.
   S. PETRUS. S. PAULUS. ROMA.
   Due mezze figure de' SS. Apostoli entro nic-
   chia. (4)

CLEMENTE VII

I

45 CLEMENS. VII. PONT.MAX.sotto MDXXV. AN. II.
   Effigie del Pontefice con capo nudo, e piviale ricamato con lo Spirito Santo, nel razionale l'immagine del Salvatore.
   GLORIA. ET. HONORE. CORONASTI. EUM.
   sotto ROMA.
   Stemma della Casa Medici con triregno, e
   chiavi. * (9)

II

46 Iscrizione, ed Effigie simile all' antecedente.
   RESERAVIT. ET.CLAUSIT. ANN. JUB.
   Il Pontefice assistito dal Clero chiude la Por-
   ta Santa. ** (10)

(*) Il Conio è di Leone X. della stessa famiglia.
(**) Cancellata l'epoca è quella stesso di Alessandro VI

III

47 CLEM. VII. PONT. MAX.
Effigie del Pontefice con piviale ornato di due
figure muliebri allegoriche, nel razionale l'im-
magine del Salvatore.
EGO. SUM. JOSEPH. FRATER. VESTER.
Giuseppe sedente sopra sugesto ornato della
Arma Medici si discopre agli undici suoi fratelli.
Si crede possa riferirsi all'attaccamento che il
Pontefice conservò pei Fiorentini mal grado la
poco loro corrispondenza verso di Lui. Medaglia
molto stimata dal Bonanni, Venuti, ed altri, che
l'attribuiscono a Benvenuto Cellini. (5)

PAOLO III

I

48 PAULUS. III. PONT. MAX. AN. XV. sotto MDIL.
Effigie del Pontefice con capo nudo, e piviale, nel quale la Concezione; testa nel razionale.
AVITAE. FARNESIORUM. STIRPIS.
Stemma della Casa Farnese con triregno, e chiavi. (10)

II

49 PAULUS. III. PONT. MAX. AN XVI.
Effigie del Pontefice con capo nudo, e piviale
ricamato col Papa, che apre la Porta Santa, nel razionale figura sedente.
ALMA. ROMA. nell'esergo.
Prospetto della Città di Roma, la quale fu
arrichita dal Pontefice di molti pubblici Edi-
fizii. (8)

III

PAULUS. III. PONT. OPT. MAX. AN. XVI.

50   Effigie del Pontefice con camauro , e mozzetta.
ANNONA. PONT.

· Figura stante dell' Annona con Palladio nella destra, e Cornucopio nella sinistra : ai piedi canestro con spighe , e dietro nave ornatissima di bassirilievi. (5)

IV

51   PAULUS. TERTIUS. PONT. OPT. MAX. A. XVI.

Effigie del Pontefice con triregno, camauro, e piviale ricamato , nel quale il Pontefice che dà lo Stendardo ad una figura genuflessa , nel razionale due figure in concordia.
HARUM. AEDIUM. FUNDATOR.

Prospetto del Palazzo Farnesiano Opera del Pontefice. (6)

V

52   PAULUS. III. PONT. MAX. AN. XVI.

Effigie del Pontefice con capo nudo, e piviale ricamato, ove il Papa, che apre la Porta Santa , nel razionale figura sedente.

ΦΕΡΝΗ.ΖΗΝΟΣ.ΕΥΡΑΙΝΕΙ. (dos Jovis bene aspergit)

Ganimede sparge con la destra dal Vaso l'ambrosia sopra i gigli Farnesiani , mentre appoggia la sinistra sull'Aquila ch' è in atto di spiegare il volo. Medaglia assai lodata dal Bonanni, Venuti, ed altri. (8)

VI

53 PAULUS. III. PONT. MAX. AN. XVI. sotto I. FE-
DE. PARM.
Effigie del Pontefice con capo nudo , e pivia-
le ricamato , ov'è espresso S. Paolo.
TUSCULO. REST. in alto RUFINA
Veduta di Frascati, e della Villa Rufina. (6)

VII

54 Iscrizione , ed Effigie simile all' antecedente.
IN . VIRTUTE . TUA . SERVATI . SUMUS.
L' unicornio , ed altri animali fugano dalle
acque i Serpenti . Si crede possa riferirsi al va-
lido ajuto apprestato dal Pontefice ai Veneziani ,
onde fu liberato Corfù dall'assedio de'Turchi.
Medaglia secondo il Bonanni , e Venuti assai
rara. (6)

GIULIO III

I

55 JULIUS. III. PONT. MAX.
Effigie del Pontefice con capo nudo , e pivia-
le , nel quale il Papa sedente , che benedice
il Popolo : sotto due palme incrociate.
ANNO . JUBILAEO . MDL. nell' esergo PETRO.
APOST. PRINC.
Facciata della Basilica Vaticana secondo il dise-
gno del Sangallo. (5)

II

56 JULIUS. III. PONT. MAX. AN. JUBILEI.
Effigie del Pontefice con capo nudo, e piviale
istoriato con fatti del Pontefice.
ANNO . JUBILAEO . MDL . nell' esergo PETRO.
APOST . PRINC . C .
Prospetto della Basilica Vaticana quasi simile
all'antecedente in maggior diametro. (10)

III

57 Iscrizione, ed Effigie simile all' antecedente.
HAEC. PORTA. DOMINI. MDL. nell'esergo ROMA.
Porta Santa retta da due colonne con lo Spi-
rito Santo nel frontespizio ; in essa leggesi: JU-
STI . INTRABUNT. PER. EAM. (10)

IV

58 JULIUS. III. PONT. MAX.
Effigie del Pontefice con piviale ricamato , nel
quale varie figure attorno ad un'Ara accesa.
JULIUS. TERTIUS. PONT. OPT. MAX. nell'eser-
go ROMA.
Porta Santa, nella quale è scritto: ANNO . JUBI-
LEI . (1)

V

59 JULIUS . III . PONT . MAX .
Effigie del Pontefice con capo nudo, e piviale ricamato col Pontefice elevato in atto di benedire.
Iscrizione, e tipo simile all'antecedente in maggior diametro. (2)

2

VI

60   Iscrizione , ed Effigie simile al N. IV.
DIVO. APOST. PRINCIPI.
Busto di S. Pietro con nimbo. (1)

VII

61   Iscrizione, ed Effigie simile all' antecedente.
EGO. SUM . VIA . VERITAS. ET . VITA.
Mezza figura del Salvatore di prospetto in
atto di benedire ha nella sinistra il Globo con
croce sopra. (1)

VIII

62   Iscrizione, ed Effigie simile al N. II.
HILARITAS . PUBLICA .
Figura stante con cornucopio , e palma , che
sorge dai tre monti stemma del Pontefice. A
sinistra in basso v'è la corona. Allude alla tranquillità, che regnò in Roma nei primi anni
del Pontificato di Giulio III. * (10)

IX

63   Iscrizione , ed Effigie simile al N.° IV.
Iscrizione , e tipo quasi simile all' antecedente
in minor diametro. (1)

X

64 JULIUS . III . PONT . MAX . A . III .
Effigie del Pontefice con camauro , e trire-

---

* Il Pontefice si servì del Conio stesso di Paolo II.

gno, nel piviale ricamato vedesi il Papa sedente, e figura innanzi,
ANNONA . PONT .

Figura stante dell'Annona con Palladio nella
destra, e cornucopio nella sinistra, ha innanzi un canestro con spighe, dietro una nave
ornata di bassirilievi. * (5)

XI

65   Iscrizione, ed Effigie simile all'antecedente. }
BEATI . QUI . CUSTODIUNT . VIAS . MEAS .
Busto del Salvatore con nimbo. (5)

XII

66   Iscrizione, ed Effigie simile all'antecedente. }
KPATOYMAI . (Vincor)

Figura della prudenza, che, deposto lo specchio al quale è avvolto il serpe, afferra per
i capelli la fortuna, che fugge nelle acque sopra il dorso di un Delfino. (5)

XIII

67 JULIUS . III . PONT . MAX . ANN . IIII .
Effigie del Pontefice con capo, nudo e piviale
ricamato, ove il Papa sedente, e molte figure.
S . PETRUS . S . PAULUS .
Figura di S. Pietro avanti a colonne, fra le qua-
li appare la figura di S. Paolo. (4)

2

* Il Conio è di Paolo III., come già è stato accennato.

XIV

68   Iscrizione, ed Effigie simile all' antecedente.
FONS . VIRGINIS ., nell'esergo VILLAE . JULIAE.
. Prospetto del Palazzo della Villa Giulia fuori
della Porta Flaminia, opera del Pontefice con
disegno del Buonarota. (4)

XV

69   . JULIUS . III . PONT . MAX ., sotto A . V .
Effigie del Pontefice con capo nudo, e pivia-
le, sopra il quale una processione avanti un
Tempio rotondo.
CLAVES . REGNI . CELOR .
Nostro Signore dà le chiavi a S. Pietro. (3)

XVI

70   Iscrizione, ed Effigie simile all' antecedente.
VIRGO . TUA . GLORIA PARTUS .
Mezza figura della Vergine col bambino fra
le braccia. (3)

XVII

71   Iscrizione, 'ed Effigie simile all' antecedente.
ANNONA . PONT . A . V .
Figura sedente dell' Annona con spighe nella
destra, e cornucopio nella sinistra ha innanzi un canestro con spighe; appresso la nave. (3)

XVIII

72   Iscrizione, ed Effigie simile all' antecedente.
HILARITAS . PONTIFICIA ., nell'esergo ROMA .

Figura stante dell'Ilarità con palma, e cornucopio; allato ha una botte festiva accesa. (3)

~~~~~

MARCELLO II.

I

75 MARCELLUS . II . PONT . MAX .
Effigie del Pontefice con capo nudo, e pia-
viale ricamato, nel quale ara accesa, e due
figure con faci.
HILARITAS . PONTIFICIA ., nell'esergo ROMA :
Figura stante dell'Ilarità con cornucopio, e palme; appresso v'è una botte festiva accesa. * (3)

II

74 Iscrizione, ed Effigie simile all'antecedente.
CLAVES . REGNI . CELOR . , nell'esergo
ROMA .
Nostro Signore consegna le chiavi a S. Pie-
tro. ** (3)

III

75 Iscrizione, ed Effigie simile all'antecedente.
Senza epigrafe: Cristo disputa coi Dottori. (3)

~~~~~~~

---

* Questo è il conio stesso di Giulio III.
** Anche questo appartiene al lodato Pontefice.

PAOLO IV.

I

76 PAULUS . IIII . PONT . OPT . MAX .
Effigie del Pontefice con camauro , e moz-
zetta.
CLAVES . REGNI . CELOR .
S. Pietro riceve le chiavi dal Redentore. (3)

II

77   Iscrizione , ed Effigie simile all' antecedente.
ROMA . RESURGENS .
Figura armata stante di Roma con asta, e scu-
do; nel piano armi , e bandiere. Si crede pos-
sa riferirsi alla pace fatta fra il Pontefice, e
Filippo II. Re di Spagna. (3)

III

78   Iscrizione , ed Effigie simile all' antecedente.
DOMUS . MEA . DOMUS . ORATIONIS . VOC .
Cristo scaccia i venditori dal Tempio. Si riferisce principalmente ai provvedimenti presi
dal Pontefice per diminuire le sinagoghe degli Ebrei, per frenare le loro usure, e per
rinchiuderli in un luogo determinato. (3)

IV

79 PAULUS . IV . PONT . MAX . AN. V ., sotto I.
F . P .
Effigie del Pontefice con capo nudo , e pi-
viale , nel quale S. Pietro , e S. Paolo.
DOMUS . MEA . DOMUS . OR . nell' esergo.
Il discacciamento dei Venditori dal Tempio co-
me sopra. (1)

V

80 PAULUS . IIII . PONT . OPT . M .
Effigie del Pontefice con camauro , e mozzetta.
Senza epigrafe: Busto del Salvatore. (4)

VI

81 Iscrizione, ed Effigie simile al N. IV.
BEATI . QUI . CUSTODIUNT . VIAS . MEAS .
Busto del Salvatore con nimbo. (1)

VII

82 Iscrizione, ed Effigie simile al N. I.
IN . FLUCTIB . EMERGENS .
La Navicella di S. Pietro in mezzo alle acque. (3)

~~~~

P I O IV.

I

83 PIUS . IIII . PONTIFEX . MAX .
Effigie del Pontefice con testa nuda , e pivia-
le , nel quale ara accesa con figure attorno.
INSTAURATA .
Prospetto della Fortezza di Castel S. Ange-
lo. (3)

II

84 Iscrizione, ed Effigie simile all' antecedente.
ROMA . RESURGENS .
Roma galeata stante con asta , e scudo ha
d'intorno armi , e bandiere. Esprime le spe-

ranze, che concepì Roma per l'elezione di
Pio IV. * (3)

III

85 PIUS . IIII . PONTIFEX . MAXIMUS .
Effigie del Pontefice con piviale ricamato, nel
quale S. Gio. Battista.
DIVAE . CATHARINAE . TEMPLUM . ANNO .
CHRISTI . MDLX I.
Facciata della Chiesa detta di S. Caterina de'
Funari. Questa chiesa fu cominciata dal Car-
dinale Federico Cesi con disegno di Giacomo
della Porta, e dopo la morte del Cardinale
Pio IV. la terminò. (5)

IV

86   Iscrizione, ed Effigie simile al N. I.
PAX .
La Pace stante con cornucopio nella sinistra
arde con la face accesa, che tiene nella destra, le armi; appresso v'è un tempio. (3)

V

87.   Iscrizione, ed Effigie simile al N. III.
SECURITAS . POPULI . ROMANI .
Figura sedente della Sicurezza appoggia il capo alla destra, nella sinistra ha uno scettro;
innanzi v'è un'ara, ed una face, la sedia è
ornata di bassirilievi. Allude alle fortificazioni del Castel S. Angelo, e di Civitavecchia
fatte per opera del Pontefice. (5)

---

* Il Conio è quello stesso di Paolo IV, già espresso.

88   Iscrizione, ed Effigie simile al N. I.
MENDICIS . IN . PTOCHOTROPHIUM . REDA-
CTIS .
La Carità sedente con quattro fanciulli, due
nel seno, e due nelle braccia. Allude all'Ospedale de' Mendici, e de' Pazzi fondato dal Pontefice. (3)

VII

89   Iscrizione, ed Effigie simile al N. III.
DISCITE . JUSTITIAM . MONITI .
Figura gradiente della Giustizia con Bilancia
e spada: Allude alla condanna del Cardinal
Carafa, e di altri complici fatta eseguire dal
Pontefice. (4)

VIII

90   Iscrizione, ed Effigie simile al N. I.
VIRGO . TUA . GLORIA . PARTUS .
Mezza figura della Beata Vergine col Bambi-
no. * (3)

IX

91   Iscrizione, ed Effigie simile al N. III.
NE . DETERIUS . VOBIS . CONTINGAT .
Nostro Signore benedice il Popolo genuflesso
con mani alzate. (4)

* Questo Conio appartiene a Giulio III,

X

92 Iscrizione, ed Effigie simile al N. I.
CLAVES . REGNI . CELOR . nell' esergo ROMA .
Nostro Signore dà le chiavi a S. Pietro. * (3)

XI

93 Iscrizione, ed Effigie simile all' antecedente.
DOMUS . MEA . DOMUS . ORATIONIS. VOC. nell'
esergo.
Cristo discaccia i venditori dal Tempio. (3)

P I O V.

I

94 PIUS . V . PONTIFEX . MAXIMUS . AN . V . sotto JO . ANT . R . F.
Effigie del Pontefice con capo nudo, e piviale ricamato, nel quale la Pietà.
A . DOMINO . FACTUM . EST . ISTUD . 1571.
L' armata navale preparata contro i Turchi;
in aria figura fra le nubi. (9)

II

95 Iscrizione, ed Effigie simile all' antecedente.
FOEDERIS . IN . TURCAS . SANCTIO .
Tre figure in concordia; e sono la Chiesa col
Triregno Pontificio, il Regno delle Spagne
rappresentato da una figura galeata, ed ar-

---

* Anche questo è di Giulio III.

mata, e la Republica Veneta col Berretto Ducale. Nell'esergo i simboli relativi, cioè l'Agnello, l'Aquila, ed il Leone di S. Marco col
libro. Si riferisce all'alleanza fatta fra il Pontefice, Filippo II. Re di Spagna, e la Republica di Venezia contro il Turco. (9)

III

96 PIUS . V . PONT . OPT . MAX . ANNO. VI . , sotto F . P -
Effigie del Pontefice con camauro, e mozzetta.
DEXTERA . TUA . DOM . PERCUSSIT . INIMI-
CUM . 1571.
L'armata navale Cristiana guidata dall'Angelo con croce, e calice disperde la flotta Tur-
ca: in aria Iddio, che la pone in fuga. Allude alla celebre vittoria navale di Lepanto riportata sopra il Turco. (5)

IV

97 Iscrizione, ed Effigie simile all'antecedente.
ILLUMINARE . HJERUSALEM . , nell'esergo PIUS .
V . P . M .
La Vergine Santa sedente sopra pietra qua-
drata, nella quale è scritto: AN . VI . ha nelle braccia il Bambino: appresso v'è S. Giuseppe; i Magi genuflessi adorano il Signore:
in aria la Stella. Allude alla conversione di
molti alla Religione Cattolica. (5)

V

98 PIUS . V . PONTIFEX . MAX .
Effigie del Pontefice con capo nudo, e piviale ricamato, nel quale Ara accesa con figure d'intorno,

E . TENEBRIS . DIES . E . LUCO . LUX . LUCET .
nell' esergo.
Tempio rotondo in mezzo ad un bosco, donde
scorrono tre ruscelli; in aria il Santo Spirito. Allude alla Patria del Pontefice, che fù
Bosco. (2)

VI

99 PIUS . V : PONTIFEX . MAX . , sotto F . P .
Effigie del Pontefice con capo nudo, e pivia-
le, nel quale ara accesa con figure attorno.
1566. PIUS . V GHISLERIUS . BOSCHEN .
PONT . MAX . ECCLESAIM . S . †. ORDINI .
PREDIC . ALUNO . SUO . AC . PATRIAE .
ERIGENDAM . CURAVIT . DOTAVITQ . (3)

VII

100 Iscrizione, ed Effigie simile al N: III.
BOSCHEN . SANCTE . CRUCIS . ORDINIS . PRAE-
DICATORUM . , nell' esergo MDLXXI .
Prospetto della Chiesa di S. Croce in Bosco con
croce sopra il frontespizio illustrata da'raggi.
Chiesa fatta costruire dal Pontefice nella sua
Patria. (5)

VIII

101 Iscrizione, ed Effigie simile al N. VI.
PAX .
La Pace stante avanti un Tempio con la face, che ha nella destra, arde le armi; con
la sinistra regge il cornucopio. * (3)

---

* Il Conio è di Pio IV.

IX

102   Iscrizione, ed Effigie simile all' antecedente,
CLAVES . REGNI . CELOR .
Il Redentore dà le chiavi a S. Pietro. * (3)

X

103   Iscrizione, ed Effigie simile all' antecedente,
IN . FLUCTIB . EMERGENS .
La Navicella di S. Pietro. (3)

XI

104   Iscrizione, ed Effigie simile all' antecedente,
DOMUS . MEA . DOMUS . ORATIONIS . VOC.,
nell' esergo.
Nostro Signore discaccia i venditori dal Tempio. ** (3)

XII

105   Iscrizione, ed Effigie simile all' antecedente.
IMPERA . DNE . ET . FAC . TRANQUILLITATEM.
Gli Apostoli pregano il Signore, che siede
sopra la poppa della Nave, acciò benedicendo
dia la tranquillità alle acque. (3)

XIII

106 PIUS . V . PONTIFEX . MAX . A. VI .
Effigie del Pontefice con capo nudo, e pivial

---

* Cancellata ROMA . nell'esergo, il Conio è quello di
Giulio III.
** Sì questo, che l' antecedente sono di Paolo IV.

le ricamato, nel quale un' Angelo, e due figure.

BEATI . QUI . CUSTODIUNT . VIAS . MEAS.

Busto del Redentore con nimbo. (1)

XIV

107 Iscrizione, ed Effigie simile al N. III.
Iscrizione, e tipo quasi simile all'antecedente in maggior diametro. * (5)

XV

108 Iscrizione , ed Effigie simile all' antecedente.

DOMINE . QUIS . SIMILIS . TIBI . , sotto GASP, MOLO .

Busto del Salvatore. (5)

XVI

109 PIUS . V . GHISLERIUS . BOSCHEN . PONT . M .

Effigie del Pontefice con la mano in atto di benedire ha il camauro, triregno, e piviale; nel quale la Beata Vergine.

MILITANS . DE . INFERO . TRIUMPHAT . EC-CLESIA; nell'esergo PONTIFICIAE . POTE-STATIS . IMPERIUM .

Un' Energumena stante è liberata dai mali spiriti dal Santo Pontefice sedente nel suo Trono con due vescovi innanzi. (9)

---

* Il Pontefice si servì del Conio di Giulio III.

GREGORIO XIII

I

110 GREGORIUS . XIII . PONT . MAX . AN . I . , sotto
F . P .
Effigie del Pontefice con camauro , e mozzetta.
UGONOTTORUM . STRAGES . 1572.
L' Angelo con la spada , e la croce distrugge
gli Ugonotti. Allude alla celebre strage del dì
di S. Bartolommeo. (3)

II

111 Iscrizione , ed Effigie simile all' antecedente.
CLAVES . REGNI . CELOR . , nell' esergo ROMA.
Il Signore dà le chiavi a S. Pietro. * (3)

III

112 Iscrizione , ed Effigie simile all' antecedente.
IN . FLUCTIB . EMERGENS .
La Navicella di S. Pietro con gli Apostoli, ** (3)

IV

113 GREGORIUS . XIII . PONTIFEX . MAX . AN . I . ,
sotto L . PARM .
Effigie del Pontefice con capo nudo , e piviale ricamato , nel quale predica dell'Apostolo.
PROVIDENTIA . CHRISTI .
Figura stante della Provvidenza Cristiana con

---

* Il Conio è quello già sovrindicato di Giulio III.
** Questo appartiene a Paolo IV.

asta, e timone nelle mani ; vedesi il Globo ai piedi. (7)

V

314   Iscrizione , ed Effigie simile al N. L
VIRGO . TUA . GLORIA . PARTUS .
La Santissima Vergine col Bambino fra le braccia. (3)

VI

115 GREGORIUS . XIII . PONT . OPT . MAXIMUS . ;
sotto L . PARM .
Effigie del Pontefice con capo nudo, e piviale, nel quale S. Pietro ne' flutti chiamato dal Signore.
DOMUS . DEI . ET . PORTA . COELI ., 1575. nell' esergo.
Il sommo Pontefice assistito dal Clero apre al Popolo la Porta Santa ; in aria il Signore, che spande luce con gli Angeli sopra la sacra ceremonia. (7)

VII

116 GREGORIUS . XIII . PONT . MAX . AN . JUBILEI .
MDLXXV., sotto LAU : P .
Effigie del Pontefice con triregno, camauro, e piviale ricamato, nel quale l' adorazione del Papa.
ET . PORTAE . COELI . APERTAE . SUNT ., nell' esergo ROMA.
La Porta Santa ornata di festoni con lo Spirito Santo nel frontespizio ha nel mezzo un Angelo con due Trombe. (3)

VIII

117 GREGORIUS . XIII . PONT . MAX . ANNO . JU-
BILEI .
Effigie del Pontefice con piviale, nel quale una
processione.
GREG . XIII . P . M . APERUIT . ET . CLAUSIT .
A . JUBILEI . nell'esergo 1575.
La Porta Santa chiusa retta da due colonne. (5)

IX

118 GREGORIUS . XIII . PONTIFEX . MAXIMUS . sot-
to LAU . PARM .
Effigie del Pontefice con capo nudo , e piviale,
nel quale la Crocifissione di S. Pietro.
APERUIT . ET . CLAUSIT . ANNO . MDLXXV . ,
nell' esergo ROMA .
La Porta Santa con colonne chiusa ; v' è lo
Spirito Santo nel frontespizio. (6)

X

119 GREGORIUS . XIII . PONT . MAX . ANNO . JUBI-
LEI . sotto FED . PARM .
Effigie del Pontefice con capo nudo , e piviale ricamato, nel quale molte figure in processione.
ET . IN . NATIONES . GRATIA . SPIRITUS . SANCTI .
S. Pietro predica innanzi ad un Tempio rotondo , la luce dello Spirito Santo rischiara
l' Apostolo. Allude allo zelo del Pontefice in
propagare la fede. (6)

XI

120   Iscrizione, ed Effigie simile al N. IX,

SUPER . HANC . PETRAM . nell'esergo ROMA.
Prospetto della Basilica Vaticana. (7)

XII

121   Iscrizione, ed Effigie simile al N. VI.
GREGORIANA . D . NAZIANZENO . DICATA .
Prospetto della Cappella Gregoriana nella Ba-
silica Vaticana, opera del Pontefice. (7)

XIII

122   Iscrizione, ed Effigie simile al N. VII.
ANNONA . PONT .
Figura dell'Annona stante con cornucopio, e
Palladio, ha innanzi un canestro con spighe,
appresso una nave ornatissima. * (4)

XIV

123 GREGORIUS . XIII . PONTIFEX . MAX . A . sot-
to LAU . P .
Effigie del Pontefice con capo nudo, e piviale
ricamato con varie figure.
BEATI . QUI . CUSTODIUNT . VIAS . MEAS .
Busto del Salvatore con nimbo. ** (4)

XV

124   Iscrizione, ed Effigie simile all'antecedente.
TUTUM . REGIMEN ., nell'esergo ROMA .
Roma galeata sedente ha nella destra un dra-

---

* È di Paolo III.
** È di Giulio III.

go stemma del Pontefice; innanzi distintivi delle Ecclesiastiche Dignità; appresso armi, e bandiere. Allude principalmente alle fortificazioni fatte dal Pontefice nelLittorale dello Stato Ecclesiastico per difenderlo dai Corsari. (4)

XVI

125   Iscrizione, ed Effigie simile all' antecedente.
VERUS . DEI . CULTUS .
    La Chiesa velata con libri, e chiavi nelle mani ha d' intorno altri volumi col triregno, e nella destra una tavola, nella quale è scritto S . ROM . EC . (5)

XVII

126   Iscrizione, ed Effigie simile all' antecedente.
SECURITAS . POPULI . ROMANI .
    Figura sedente della Sicurezza appoggia il capo alla destra, nella sinistra ha l' asta, innanzi un' ara con face; la sedia è ornata di bassirilievi. * (5)

XVIII

127   Iscrizione, ed Effigie simile al N. VI.
VIATORUM . SALUTI . ANN . DNI . MDLXXX .
    Ponte di sei archi sul fiume Pelia vicino ad Acquapendente, sopra il quale è scritto PELIA . (7)

XIX

128   Iscrizione, ed Effigie simile al N. IX.

3 *

---

* Il Conio è di Pio IV.

UT . FAMULU . TUU . GREG . CONSERVARE .
DIGNE . , nell'esergo 1582.
Facciata della Chiesa della Madonna de'Mon-
ti. (7)

XX

129   Iscrizione , ed Effigie simile al N. XIV.
PORTUS . CENTUMCELL . INSTAUR . URBEQ ,
VALLO . AUXIT .
Prospetto del Porto di Civitavecchia. (4)

XXI

130   Iscrizione , ed Effigie simile al N. VI.
ANNO . RESTITUTO . MDLXXXII .
Serpe in giro ; nel mezzo testa d' Ariete con
serto. Allude alla celebre emendazione del Ca-
lendario fatta dal Pontefice. (7)

XXII

131   Iscrizione , ed Effigie simile all'antecedente.
AB . REGIBUS . JAPONIOR . PRIMA . AD . ROMA.
PONT . LEGATIO . ET . OBEDIENTIA . 1585.
Sopra l'iscrizione v'è una testa di Serafino.
Si riferisce all'ambascieria inviata al Ponte-
fice da tre Principi del Giappone. (7)

XXIII

132   Iscrizione , ed Effigie simile al XIV.
MENDICIS . IN . PTOCHOTROPHIUM . REDA-
CTIS .
La Carità sedente con quattro fanciulli. * (4)

Il Conio è di Pio IV.

SISTO V

I

133 SIXTUS . V . PONTIFEX . MAX . sotto ANN. . I.
Effigie del Pontefice con capo nudo , e piviale ricamato , nel quale figura , che adora il
presepio.
PIUS . V . PONTIFEX . MAX . , sotto F . P.
Effigie di S. Pio V. con testa nuda , e piviale , nel quale varie figure intorno ad ara accesa. * (3)

II

134 Iscrizione , ed Effigie simile all'antecedente.
DOMUS MEA . DOMUS . ORATIONIS . VOC.
nell' esergo.
Il Signore discaccia i venditori dal Tempio. (3)

III

135 Iscrizione , ed Effigie simile all'antecedente.
IN . FLUCTIB . EMERGENS .
La Navicella di S. Pietro con gli Apostoli. (3)

IV

136 SIXTUS . V . PONT . OPT . MAX., sotto L . PAR.
Effigie del Pontefice con camauro , e mozzetta.
TUTUM . REGIMEN . nell'esergo ROMA .
Figura sedente di Roma galeata con drago
nella destra , e parazonio nella sinistra , in-

---

* Il Pontefice si servì di un Conio stesso di S. Pio V.
per battere questa Medaglia in prova di gratitudine , e rimembranza de' beneficj dal suddetto ricevuti.

nanzi ha le insegne delle Ecclesiastiche Dignità ; appresso armi , e bandiere. * (5)

V·

137 SIXTUS. V . PONT . OPT . MAX ., sotto L . PAR.
Effigie del Pontefice con camauro , e mozzetta ,
BEATI . QUI . CUSTODIUNT . VIAS . MEAS .
Busto del Salvatore con nimbo. ** (5)

VI

138 SIXTUS . V . PONT . MAX . ANN . III .
Effigie del Pontefice con capo nudo , e piviale ricamato con S. Pietro, e S. Paolo.
CURA . PONTIFICIA .
Quattro strade , che si diramano dalla Chiesa
di S. Maria Maggiore espressa da una figura stante della Vergine col bambino. La prima oggi via Sistina , è indicata dalla figura
della Divina Triade , quella di S. Lorenzo in
Panisperna dal S. Martire in abito diaconale,
con palma, e gratticola , la terza di S. Giovanni in Laterano è espressa dall'Obelisco Lateranense , la quarta indicata dal S. Precur-
sore forse è quella , che da S. Giovanni con-
duce in S. Croce in Gerusalemme. (5)

VII

139 Iscrizione , ed Effigie simile all'antecedente.
EXALTAVIT . HUMILES . , sotto 1587.
Le statue in bronzo de' Ss. Apostoli Pietro ,

---

* È il poc'anzi indicato di Gregorio XIII.
** È il già altre volte ripetuto di Giulio III,

e Paolo poste sopra le colonne Trajana, ed
Antonina. (5)

VIII

140   Iscrizione, ed Effigie simile all' antecedente.
TERRA . MARI . SECURITAS . , sotto 1588.
Cinque Galere fatte armare dal Pontefice. (5)

IX

141   Iscrizione, ed Effigie simile all' antecedente.
PERFECTA . SECURITAS .
Passagero che dorme sotto l'ombra di un' arbore. Allude alle cure del Pontefice in libera-
re lo Stato Ecclesiastico dagli Assassini ema-
nando leggi severe contro di essi. (5)

X

142 SIXTUS . V . P . MAX . AD . BENEDICTIONES .
A . V .
Mezza figura del Pontefice con capo nudo,
e piviale, nel quale ricamato un Angelo, e la
Beata Vergine ; la mano è in atto di benedire.
Rovescio senza impronta. (13)

XI

143 SIXTUS . V . PONT . MAX . AN . VI . sotto NI .
BONIS .
Effigie del Pontefice con capo nudo, e pivia-
le ricamato coi Ss. Apostoli Pietro, e Paolo.
SECURITAS . POPULI . ROMANI .
Figura della Sicurezza sedente col capo ap-
poggiato alla destra, ha lo scettro nella si-
nistra ; innanzi ara accesa, e faci. * (6)

* Il Conio è di Pio IV.

XII

144   Iscrizione, ed Effigie simile all'antecedente.
CRUCI . FELICIUS . CONSECRATA .
Quattro Obelischi, cioè quello del Popolo, il Lateranense, il Vaticano, e quello appresso S. Maria Maggiore fatti erigere dal Pontefice. (6)

XIII

145   Iscrizione, ed Effigie simile all' antecedente.
MEM . FL . CONSTANT . RESTITUTA .
I due Colossi del Quirinale con l' iscrizione
OPUS . PHID . OPUS . PRAX . come esistevano prima dell' Obelisco eretto da Pio VI., e della fontana postavi da Pio VII. di san. mem. (6)

XIV

146   Iscrizione, ed Effigie simile all' antecedente.
SUPER HANC . PETRAM ., nell'esergo ROMA .
Prospetto della Basilica Vaticana . (7)

~~~

URBANO VII

I

147 URBANUS . VII . PONT . MAX . ANNO : I . sotto
MDLXXXX .
Effigie del Pontefice con capo nudo, e piviale, nel quale Gesù Crocifisso con figura sotto la croce, inferiormente altra figura stante.
SIC . LUCEAT . LUX . VESTRA .
Il Candelabro Gerosolimitano. (8)

II

148 URBANUS . VII . PONT . MAX . ANNO . I . 1590 .
Effigie del Pontefice con capo nudo , e piviale ricamato con due Santi Vescovi.
SPONSUM . MEUM . DECORAVIT . CORONA .,
nell' esergo 1590.
La Chiesa sedente con triregno nella destra ,
e croce nella sinistra. (4)

III

149   Iscrizione , ed Effigie simile all' antecedente.
JUSTITIA . ET . CLEMENTIA . COMPLEXAE
SUNT. SE .
Le figure della Giustizia , e della Clemenza
si abbracciano , ed hanno appresso le aste ,
o scettri. (4)

IV

150   Iscrizione , ed Effigie simile all' antecedente.
DEXTERA . DOMINI . FACIAT . VIRTUTEM .
sotto 1591.
Il Pontefice dà ad una figura genuflessa lo stendardo di S. Chiesa ornato del Crocifisso alla
presenza de'Cardinali sedenti, e del Popolo. * (4)

---

* Sì questa Medaglia , che l' altra Num. II. sono ri-
guardate come apocrife , e spettanti alli seguenti Pontificati,
ma non sono state ommesse nè dal Bonanni , nè dal Venuti, perchè esistono così nelle grandi Raccolte.

X 42 X

GREGORIO XIV

I

151 GREGORIUS . XIIII . PON . MAX . ; sotto NIC .
BONIS.
Effigie del Pontefice con camauro , e mozzetta.
GREGORIUS . XIIII . PON . M .
Stemma in quartato del Pontefice con sopra
triregno , e chiavi. (5)

II

152 GREGORIUS . XIIII . PON . MAX . ; sotto NIC .
BONIS.
Effigie del Pontefice con camauro ; e mozzetta.
SPONSUM . MEUM . DECORAVIT . CORONA . ,
sotto 1590.
La Chiesa sedente con triregno nella destra,
e croce nella sinistra. (5)

III

153 Iscrizione ; ed Effigie simile all'antecedente.
DEXTERA . DOMINI . FACIAT . VIRTUTEM . ,
sotto 1591.
Il Pontefice con triregno , e piviale sedente
sotto il Trono dà lo stendardo di S. Chiesa,
nel quale è il Crocifisso , ad una figura genuflessa ; assistono i Cardinali sedenti , ed
il Popolo spettatore. Allude alla spedizione in
Francia di Ercole Sfrondati Nipote del Pontefice con truppe contro gli Ugonotti. * (5)

* Sì questo, che l'antecedente Conio sono i già indicati sotto Urbano VII.

IV

154   Iscrizione, ed Effigie simile all'antecedente.
DIEBUS . FAMIS . SATURAB.
Figura stante dell' Annona coronata di spighe
con cornucopio nella sinistra, e spighe nella
destra. Allude alla provvidenza del Pontefice in
occasione della carestia, avendo perfino dato
l' indulto Quaresimale. (5)

INNOCENZO IX

I

155 INNOCENT . IX . PONT . MAX ., sotto AN ;I.
Effigie del Pontefice con capo nudo, e piviale ricamato, nel quale Gesù con croce,
e la Beata Vergine.
INNOCENTIO . IX . PON . MAX .
Stemma del Pontefice con triregno, e chiavi. (5)

II

156   Iscrizione, ed Effigie simile all' antecedente.
RECTIS . CORDE ., nell' esergo 1591.
Figura stante di un' Angelo, che sostiene con
ambo le mani il triregno. (3)

III

157   Iscrizione, ed Effigie simile all' antecedente.
JUSTITIA . ET . PAX . OSCULATAE . SUNT.
Due Cornucopj, dai quali si dirama un ser-
to di fiori, in mezzo le chiavi incrociate. (3)

IV

158   Iscrizione, ed Effigie simile all' antecedente.
ROMA . RESURGENS .

Roma stante galeata, ed armata con asta, e
scudo ha d' intorno armi, e bandiere. (3)

CLEMENTE VIII

I

159 CLEMENS . VIII . PONT . M . A . II ., sotto
GEOR . R .

Effigie del Pontefice con capo nudo, e piviale, nel quale è ricamata la figura della Giustizia.
CONSECRATIO.

Il Pontefice assistito dal Clero consacra l'Altare della Confessione di S. Pietro nel 1594. (5)

II

160 CLEMENS . VIII . PONT . M . A . VII ., sotto
GEOR . R .

Effigie del Pontefice eguale all'antec edente.
ANNONA . PUBLICA .

Figura gradiente dell'Annona coronata di spighe con cornucopio nella sinistra, e spighe
nella destra. (4)

III

161   Iscrizione, ed Effigie simile all'antecedente.
FERRARIA . RECUPERATA .

Prospetto della Città di Ferrara. Allude alla
ricupera, che il Pontefice fece di Ferrara dopo la morte di Alfonso II, ultimo de'suoi Du-
chi. (4)

IV

462 CLEMENS . VIII . PONT . MAX . A . VIII. , sotto
GEOR . RA .
Effigie del Pontefice con capo nudo , e piviale.
JUBILEI . INDICTIO . , nell'esergo AN MDC .
Il Papa sedente sul trono assistito da due Car-
dinali fa leggere dal Pulpito la Bolla della
pubblicazione del Giubileo. (8)

V.

163 CLEMENS . VIII . PONT . MAX . A . IX. , sotto
GEOR . RA .
Effigie del Pontefice con capo nudo , e pivia-
le ricamato con figure .
PAX . ET . SALUS . A . DOMINO . , nell'esergo
MDCI.
La Pace con la Croce nella destra , e face
nella sinistra arde le armi . Allude alla pace
fatta fra Enrico IV. Re di Francia , e il Duca
di Savoja con la mediazione del Pontefice. (8)

VI

164 CLEMENS . VIII . PONT . MAX . A . X. , sotto
GEOR . RA .
Effigie del Pontefice con capo nudo , e pivia-
le ricamato con figure .
SALVA . NOS . DOMINE .
Nave agitata dai venti ; gli Apostoli sbigottiti
ricorrono al Redentore , che dorme in pop-
pa. (8)

VII

165 CLEMENS . VIII . PONT . MAX . A . XII. , sotto
GEOR . R ,

Effigie del Pontefice con capo nudo, e piviale con figura.

VELLINO . EMISSO . A . MDC.

Ponte, e caduta del Velino. Allude all'alveo del fiume Velino dilatato, ed al Ponte fattovi costruire dal Pontefice con disegno del Fontana . (8)

VIII

166 CLEMENS . VIII . PONT . MAX . AN . XIII., sotto GEOR . RA.

Effigie del Pontefice con capo nudo, e piviale, nel quale S. Gio. Battista.

UNUS . DEUS . UNA . FIDES .

Figura velata stante della Fede con croce, e calice è rivolta al Cielo, d'onde scende luce. Allude alla vigilanza del Pontefice nel custodire, e propagare la Fede. (8)

LEONE XI

I

167 LEO . XI . PONT . MAX . ANNO . I.

Effigie del Pontefice con camauro e mozzetta.

DE . FORTI . DULCEDO . MDCV .

Cadavere del Leone ucciso da Sansone, dalla di cui bocca escono le api, che vi han formato alveare. Simbolo delle ottime qualità del Pontefice . (6)

PAOLO V

I

168 PAULUS . V . P . MAX . A . IV ., sotto G . R .
Effigie del Pontefice con capo nudo, e pivia-
le, nel quale S. Francesca Romana con An-
gelo.
COMPLEAT . GLORIA . MARIAE . DOMUM .
ISTAM .
Prospetto della Cappella Borghesiana in S. Ma-
ria Maggiore non terminata. (4)

II

169 PAULUS . V . PONT . MAX . A . VI ., sotto G . R .
Effigie del Pontefice con capo nudo, e piviale, nel quale ricamata la Beata Vergine.
IMPERA , DNE . ET . FAC . TRANQUILLI-
TATEM .
Il Signore siede sulla poppa della Nave agitata dalla tempesta, e gli Apostoli domanda-
no a Lui, che commandi alle acque di pla-
carsi * (3)

III

170 PAULUS . V . PONT . MAX . AN . VIIII ., sotto J.
A . MORI .
Effigie del Pontefice con capo nudo, e pi-
viale, nel quale una Processione Pontificia. .

(*) Il Conio è di Pio V.

DEI . GENITRICI . SEMPER . VIRGINI., nell'esergo MDCXII.
Prospetto della Cappella Borghesiana in S. Maria Maggiore . (7)

IV

171   Iscrizione , ed Effigie simile all'antecedente.
PRO . TUI . NOMINIS . GLORIA.
La Colonna tratta dal Tempio detto delli Pace , e collocata avanti la Basilica Liberiana con
la statua della Beata Vergine . (7)

V

172   Iscrizione , ed Effigie simile all' antecedente.
IN . HONOREM . PRINCIPIS . APOST . , nell'esergo ET . PORTAE . INFI . NO . PVALEBUT .
Prospetto della Basilica Vaticana con campa-
nili. (7)

VI

173 PAULUS . V . PONT . MAX . , sotto A . XIIII.
Effigie del Pontefice di prospetto con capo
nudo , e piviale ricamato a rabeschi.
TU . DOMINUS . ET . MAGISTER.
Nostro Signore lava i piedi agli Apostoli . (1)

VII

174 PAULUS . V . BURGHESIUS . RO . P. MAX . , sotto AN . XVI.
Effigie del Pontefice con capo nudo , e piviale ricamato con S. Gio. Battista .
SACELLUM . IN . PALATIO . QUIRIN . , nell'esergo A . MDCXIX.
La gran Porta della Cappella Paolina al Quirinale . (7)

)(49)(

VIII

175 PAULUS . V . BURGHESIUS . RO . P . MAX ., sotto AN . XVI .
Effigie del Pontefice con capo nudo, e piviale, in cui scorgesi Nostro Signore, che
dà le chiavi a S Pietro .
Epigrafe, e Porta simile all' antecedente in
maggior diametro . (12)

IX

176 Iscrizione, ed Effigie simile all' antecedente.
PALATII . VATICANI - PORTA . RESTITUTA .
La Porta del Vaticano sotto l'Orologio. (12)

X

177 Iscrizione, ed Effigie simile all'antecedente.
CEPERANI , PONS . SUPER . LIRIM . RESTI-
TUTUS .
Ponte a tre archi con torri della Fortezza
sul fiume Liri ora detto Garigliano presso Ce-
prano . (12)

GREGORIO XV.

I

178 GREGORIUS . XV . PONT . MAX . A . III , sotto 1623.
Effigie del Pontefice con capo nudo, e pi-
viale ricamato con S. Gio. Battista.
CAUSA . NOSTRAE . LAETITIAE .
Mezza figura della Beatissima Vergine col Bam-
bino sopra nuvole. (5)

4

II

179   Iscrizione, ed Effigie simile all' antecedente.
BEATI . QUI . CUSTODIUNT . VIAS . MEAS .
Busto del Salvatore con nimbo. * (5)

III

180   Iscrizione, ed Effigie simile all'antecedente.
PACIS . ET . RELIGIONIS . AMOR .
La Religione sedente con piviale ha il triregno nella destra, e croce nella sinistra; la Pace egualmente sedente con ramo di olivo nella
destra, e cornucopio nella sinistra arde le armi. Allude alla mediazione del Pontefice nel
pacificare i Re di Francia, e Spagna, che di-
sputavansi il dominio della Valtellina . (5)

IV

181   Iscrizione, ed Effigie simile all'antecedente.
QUINQUE . BEATIS . COELESTES . HONORES .
DECERNIT . 1622.
Il Papa sedente sotto il Trono assistito dal
Clero in abiti Pontificali celebra la Cano niz-
zazione di S. Ignazio di Lojola, S. Francesco
Xaverio, S. Filippo Neri, S. Isidoro Agricola,
e S. Teresa . Il Santo Spirito con raggi illu-
stra la sacra ceremonia . (5)

_____

(*) E' il già indicato di Giulio III.

URBANO VIII.

I

182 URBANUS . VIII . PONT . MAX . AN . P . , sotto
MDCXXIII.
Effigie del Pontefice con capo nudo , e piviale ricamato con busto, di S. Pietro , sotto
il quale si legge : G. M.
FACIT . MIRABILIA . MAGNA . SOLUS .
La Trasfigurazione di Nostro Signore . Allude
alla elezione del Pontefice avvenuta nel giorno della Trasfigurazione . (4)

II

183 URBANUS . VIII . PONT . MAX . A . II . , sotto
1625.
Effigie del Pontefice con capo nudo , e piviale ricamato con immagine di S. Pietro ;
nel razionale la Beatissima Vergine col Bambino .
PAX . IN . VIRTUTE . TUA . , sotto 1624.
Figura sedente con spada nella destra , e bilancia nella sinistra . (4)

III

184 URBANUS VIII. PONT MAX. AN.III.MDCXXVI.,
sotto GAS . MOLO .
Effigie del Pontefice con capo nudo , e piviale ricamato con S. Elisabetta .
HOMINIBUS . BONAE . VOLUNTATIS ; nell'esergo ROMA .
Porta Santa di S, Gio. in Laterano aperta , dalla
4 *

quale si vede il Volto Santo con popolo genuflesso. In aria un'Angelo volante con ramo
di Olivo; nell'area : ANN . JUB . MDCXXV.(6),

IV

185   Iscrizione, ed Effigie simile all' antecedente.
AB , URBANO . VIII . CANONIZATA . , nell'esergo
ROMA.
Porta, nella quale entra il Pontefice con gli abiti
sacri ; di fuori è il Popolo ; nel campo leg-
gesi: ANN . JUB . 1625. D . 25. MAJ . 1625. Il
Venuti la riferisce alla Canonizazione di S. Ma-
ria Maddalena de' Pazzi . (6)

V

186   Iscrizione, ed Effigie simile all' antecedente.
RESERAVIT. ET. CLAUSIT. ANN. JUB. MDCXXV.
La Porta Santa di S. Gio. in Laterano chiusa
con sopra il Volto. Santo . (5)

VI.

187 URBANUS . VIII . PONT . MAX . AN . III , , sotto
GAS . MOLO .
Effigie del Pontefice con capo nudo, e piviale ri-
camato a rabeschi.
Iscrizione simile all'antecedente .
Porta Santa chiusa con Volto Santo , e la Bea-
tissima Vergine nella sommità. (7)

VII

188 URBANUS . VIII . PONT . MAX . A . IIII ., sotto
GASP . MOLO .
Effigie del Pontefice con capo nudo, e piviale
ricamato con teste di S. Pietro, e S. Paolo .

SECURITAS . PUBLICA .
Pianta del Forte Urbano , sopra la quale S. Urbano Vescovo con mitra e piviale ; ha il pastorale nella sinistra , e la Città nella destra ;
una corona cinge l' immagine del Santo fra
le nubi . (7)

VIII

189 URBANUS . VIII . PONT . MAX . A . IIII ., sotto
GAS . MOLO .
Effigie del Pontefice con capo nudo , e pivia-
le ricamato .
S . PETRI . BASILICA . CONSECRATA .
Croce con raggj . (6)

IX

190 URBANUS . VIII . PONT . MAX . A . IIII ., sotto
GASP . MOLO .
Effigie del Pontefice con capo nudo , e nel
piviale S. Pietro , e S. Paolo .
ORNATO . SS . PETRI . ET . PAULI . SEPUL-
CHRO ., nell'esergo MDCXXVI .
Prospetto della Confessione Vaticana . (8)

X

191 URBANUS . VIII . PONT . MAX . A . V ., sotto
GAS . MOLO .
Effigie del Pontefice con capo nudo , e pi-
viale con immagine di S. Pietro, e Serafini .
INSTRUCTA . MUNITA . PERFECTA ., nell'eser-
go MDCXXVII . ROMA .
Pianta di Castel S. Angelo . Allude ai miglio-
ramenti fattivi dal Pontefice . (6)

XI

192   Iscrizione, ed Effigie simile all' antecedente.
DOMINE . QUIS . SIMILIS . TIBI ., sotto GASP.
MOLO . C . PRIV . S . PONT.
Busto del Salvatore. * (6)

XII

193 URBAN . VIII . PON . M . AN . VI ., sotto GAS.
MOLO .
Effigie del Pontefice con triregno, e camauro,
ha la mano in atto di benedire; nel piviale S. Urbano Vescovo con pastorale.
BEATO . ANDREA . INTER . SANCTOS . RELA-
TO ., nell'esergo ROMÆ .
Il Pontefice con gli abiti Pontificali assistito
dal Clero legge nella Basilica Vaticana il Decreto di Canonizazione di S. Andrea Corsini. (7)

XIII

194   Iscrizione, ed Effigie simile all' antecedente.
NUNC . RE . PERFECTO .
Veduta del Porto di Civitavecchia con bastimenti . Allude ai varii lavori eseguiti dal Pontefice a beneficio di quel Porto . (7)

XIV

195 URBANUS . VIII . PONT . MAX . AN . VII ., sotto
GAS . MOLO .

* Il Conio è di S. Pio V.

Effigie del Pontefice con capo nudo, e pi-
viale ricamato con busto di S. Pietro.
TU . DOMINUS . ET . MAGISTER ., nell'esergo
EXEMPL . DEDI . VOBIS.
Nostro Signore lava i piedi agli Apostoli. (2)

XV

196 URBANUS . VIII . PONT . MAX . AN . VIII.
Effigie del Pontefice con capo nudo, e pi-
viale ricamato con le teste di S. Pietro, e
S. Paolo .
AUCTA . AD . METAURUM . DITIONE ., nell'eser-
go ROMAE .
Roma galeata sedente con asta nella destra,
e la Basilica Vaticana nella sinistra, è cinta
intorno da una corona di Olivo. Allude al
Ducato d' Urbino ritornato sotto il Dominio
Pontificio dopo l'estinzione della Famiglia Della
Rovere . (7)

XVI

197 Iscrizione, ed Effigie simile all' antecedente.
TE . MANE . TE . VESPERE .
Il Pontefice con piviale genuflesso con triregno in terra prega S. Michele, che si vede in
aria sopra nubi con la bilancia nella destra,
e spada nella sinistra. Il Pontefice fù coronato nella festività di S. Michele Arcangelo. (6)

XVII

198 Iscrizione, ed Effigie simile all' antecedente.
S . PETRI . BASILICA . CONSECRATA ; nell'eser-
go ROMA .
Il Pontefice in abito Pontificale assistito dal
Clero consacra la Basilica Vaticana . (6)

XVIII

j99 URBANUS . VIII . P . MAX . AN . IX ., sotto GASP.
MOLO .
Effigie del Pontefice con piviale ricamato con
S. Pietro .
TE . MANE . TE . VESPERE .
Tipo poco diverso dal N. XVI. (6)

XIX

200 URBANUS . VIII . PONT . MAX . A. X ., sotto G.
MOLO .
Effigie del Pontefice con capo nudo , e pi-
viale ricamato con S Elisabetta .
ORNATO . SS. PETRI . ET . PAULI . SEPUL-
CHRO ., sotto MDCXXXIII.
Prospetto della Confessione Vaticana. (8)

XX

201 URBANUS . VIII . PONT . MAX . A . XI ., sotto
GASP . MOL .
Effigie del Pontefice con capo nudo , e pi-
viale ricamato , nel quale S. Michele Arcan-
gelo .
AEDE . S . BIBIANAE . RESTITUTA . ET . ORN .,
nell'esergo ROMAE .
La facciata della Chiesa di S. Bibiana . (7)

XXI

202 URBANUS . VIII . PONT . MAX . A . XII ., sotto
GAS . MOL .
Effigie del Pontefice con capo nudo , e pi-
viale ricamato con S. Michele Arcangelo .
DENUO . EXAEDIFICATA .

Pròspettò della Chiesa di S. Càjò presso le
le Terme Diocleziane, come appare dalla iscrizione nel cornicione: S. CAJO P. P. D. Questo Tempio fù dal Pontefice fatto riedificare
nel 1631. (3)

XXII

203 URBANUS . VIII . PONT . MAX ., sotto AN . XIII.
Effigie del Pontefice con capo nudo, e pi-
viale ricamato a rabeschi.
TU . DOMINUS . ET . MAGISTER. , sotto EXEM-
PL . DEDI . VOBIS.
Il Signore lava i piedi a S. Pietro. (2)

XXIII

204 URBANUS . VIII . PON . MAX . A . XIIII., sotto
GASP. MOLI.
Effigie del Pontefice con capo nudo, e pi-
viale ricamato con S. Pietro.
AEDE . EXORNATA . FACIE . RESTITUTA ., nell'
esergo MDCXXXVI.
Facciata della Chiesa di S. Anastasia, come
dalla iscrizione, che leggesi nel cornicione: S.
ANASTAS . D. (8)

XXIV

205 Iscrizione, ed Effigie simile all'antecedente.
ORNATO . CONST . LAVACRO . ET . INSTAU-
RATO ., nell'esergo ROMAE.
Spaccato del Battisterio Constantiniano Late-
ranense. (8)

XXV

206 URBANUS . VIII . PON . MAX . AN . XV., sotto
GAS . MOL . MDCXXXVIIII.

Effigie del Pontefice con capo nudo, e piviale ricamato con S. Pietro.
SUB . URBANO . RECESSU . CONSTRUCTO . ,
nell'esergo ROMÆ .
Prospetto del Palazzo Pontificio di Castel Gandolfo villegiatura del Pontefice. (9)

XXVI

207 URBANUS . VIII . PON . MAX . A . XVI . , sotto
GAS . MOL . MDCXXXVIIII.
Effigie del Pontefice con capo nudo, e pi-
viale ricamato con S. Pietro.
SALVA . NOS . DOMINE.
Gli Apostoli nella Nave agitata dai venti ri-
corrono per la loro salvezza al Redentore dor-
mente. * (9)

XXVII

208 Iscrizione, ed Effigie simile all' antecedente.
DENUO . EXÆDIFICATA.
La Chiesa di S. Cajo quasi eguale al N. XXI. (9)

XXVIII

209 URBANUS . VIII . P . MAX . A . XVII . , sotto
MDCXXXIX. G. MOL.
Effigie del Pontefice con capo nudo, e piviale ricamato con quattro figure intorno ad
ara accesa; nel razionale il Santissimo Salvatore.
ASSAGGIUM. GENERALE., sotto MDCXXXIX.
Padiglione con chiavi incrociate. Incontran-
dosi in questa Serie molte Medaglie con tale

* Il Conio è di Clemente VIII.

epigrafe è bene dare un cenno dell'·allusione.
Allorchè nella Zecca Pontificia si è battuta
una certa quantità di monete, prima di darla
fuori si suole per antico uso alla presenza del
Presidente, e di altri Officiali dividere in due
pezzi una delle nuove monete: con uno di
essi si fa prova al fuoco della bontà del Metallo, l'altro si custodisce, finchè col pro-
gresso del tempo, accumulatàsene una quantità notabile s'impiega a battere una Medaglia da dispensarsi agli stessi Officiali della
Zecca. Tale appunto è la Medaglia quì riportata di Urbano VIII. (4)

XXIX

210 URBANUS . VIII . PON . MAX . A . XVII ., sotto
GASP . MOLO .
Effigie del Pontefice con capo nudo, e pi-
viale ricamato a rabeschi.
PACIS . INCOLUMITATI ; nell'esergo ROMÆ .
Prospetto dell'Armeria Pontificia al Vaticano
cominciata da Sisto V., proseguita da Paolo V,
e compita da Urbano VIII. (10)

XXX

211 URBANUS . VIII . PONT . MAX . A . XVII.
Effigie del Pontefice con piviale ricamato con
la Santissima Concezione.
MUNIFICENTIA . ANT . BARBERINI . S R . E.
CARD . CAM . SOCIET . JESU . ANN . C . PIE.
CELEBRATO . S . CIƆIƆCXXXIX . V . KAL.
OCT.
L'Iscrizione ha un Serafino di sopra, ed al-
tro di sotto. Medaglia battuta dalla Compa-
gnìa di Gesù in occasione, che celebrava il
primo Centenario della sua Istituzione per ri-

conoscenza ai beneficii ricevuti da Urbano VIII,
e dal Card. Barberini suo nipote . (9)

XXXI

212 URBANUS . VIII . PONT . MAX . A. XVII ., sotto
MDCXXXX G M. F.
Effigie del Pontefice con capo nudo , e pi‐
viale ricamato con figura ; gira intorno una
corona .
AD. ÆDIUM . PONTIFICUM. SECURITATEM .
Il Baluardo del Palazzo Quirinale . (11)

XXXII

213 Iscrizione , ed Effigie simile al N. XXX.
TE . MANE . TE . VESPERE .
S. Michele scende dal Cielo fra raggi , e po‐
ne al Pontefice genuflesso con piviale il tri‐
regno . Attorno v' è una corona . (9)

XXXIII

214 Iscrizione , ed Effigie simile al N. XXVIII.
TE . MANE . TE . VESPERE .
S. Michele Arcangelo con bilancia nella destra ,
e spada nella sinistra appare al Pontefice ge‐
nuflesso con piviale ; v' è il triregno ai pie‐
di . (4)

XXXIV

215 URBANUS . VIII . PON . MAX . A . XVIII.
Effigie del Pontefice con capo nudo , e pi‐
viale ricamato, nel quale i busti di S. Pietro,
e S. Paolo , e due faccie del Sole, emblema della
Casa Barberini . Gira attorno una corona .
S . PETRUS . PRINCEPS . APOSTOLORUM .
Busto di S. Pietro con chiavi , e nimbo . (10)

XXXV

216 URBANUS . VIII . PON . MAX . A . XIX . , sotto
G . M .
Effigie del Pontefice con capo nudo, e pi-
viale ricamato con la Beata Vergine, ed il
bambino ; gira attorno una corona.
FERRI . FODINIS . APERTIS ., nell' esergo
MDCXXXXI . ROMAE .
Molte figure intente a lavorare nelle Ferriere
di Monte Leone ; il tutto entro una corona. (11)

XXXVI

217 Iscrizione , ed Effigie simile all' antecedente.
UBERIORI . ANNONAE . COMMODO .
Prospetto dei Granari di Termini ampliati dal
Pontefice : corona all' intorno. (11)

XXXVII

218 URBANUS . VIII . PONT . MAX . A . XX . , sotto
G . M .
Effigie del Pontefice con capo nudo, e pivia-
le ricamato con la Ss. Concezione.
ADDITIS . URBI . PROPUGNACULIS .
Prospetto delle mura di Roma, e baluardi con
la Porta S. Pancrazio una volta detta Giani-
colense. (10)

XXXVIII

219 URBANUS . VIII . PON . MAX . A . XX ., sotto
ROMA .
Effigie del Pontefice con capo nudo, e piviale ricamato con testa di S. Pietro ; nel razionale il Ssmo Salvatore.

S . ELISABETH . REGINA . LUSITANIA . , nel secondo giro: A . DEO . SANTIFICATA .
Testa velata, e coronata di S. Elisabetta Regina di Portogallo . Allude alla Canonizazione,
fatta dal Pontefice di questa Santa. (3)

XXXIX

220 URBANUS . VIII . PON . MAX . AN . XXI . , sotto
G . M .
Effigie del Pontefice con camauro , mozzetta,
e stola.
AUCTA . AD . METAURUM . DITIONE ., nell'esergo ROMAE .
Entro una corona v'è la figura di Roma sedente con asta nella destra , e Basilica Vaticana nella sinistra. (8)

XL

221 Iscrizione , ed Effigie simile all' antecedente.
PRUDENTER . PASSUS . FORTITER . EGIT .,
nell' esergo MDCXLIV.
Figura sedente della Pace con ramo di Olivo
nella destra , e palma nella sinistra ha d'intorno la Prudenza stante con lo Specchio , ed
il Serpente , dall'altra la Fortezza galeata con
asta , e scudo. (10)

INNOCENZO X

I

222 INNOCENTIUS . X . PON . MAX . AN . I., sotto
OPUS . CORMANI .
Effigie del Pontefice con capo nudo , e piviale
ricamato.

FRUCTUM . SUUM . DEDIT . IN . TEMPORE .
Due Angeli genuflessi sopra nuvole adorano
la Croce cinta da raggj. Per l' elezione del
Pontefice, che avvenne nel dì della Esaltazio-
ne della Croce. (3)

II

223   Iscrizione, ed Effigie simile all'antecedente.
TU . DOMINUS ET . MAGISTER ., nell' esergo
EXEMPL . DEDI . VOBIS .
Nostro Signore lava i piedi a S. Pietro. (3)

III

224 INNOCENTIUS . X . PONT . MAX., sotto AN . II .
Effigie del Pontefice con capo nudo, e piviale ricamato.
JUSTITIA . ET . CLEMENTIA . COMPLEXAE .
SUNT . SE .
La Giustizia, e la Clemenza si abbracciano, cia-
scuna ha d' appresso l' asta, e lo scudo. * (3)

IV

225 INNOCENTIUS . X . PON . MAX . AN . III ., sotto
G . M .
Effigie del Pontefice con camauro, mozzet-
ta, e stola.
FRUCTUM . SUUM . DEDIT . IN TEMPORE .
Due Angeli volanti sostengono la Croce cinta,
da raggj, sopra della quale la testa di un Che-
rubino. (3)

---

* Il Pontefice si servì del Conio di Urbano VII.

V

226 INNOCENTIUS . X . PON . MAX ., sotto AN . III .
G . M .
Effigie del Pontefice con capo nudo, e pivia-
le ricamato con S. Pietro , e S. Paolo.
DECOR. DOMUS. DOMINI., nell'esergo MDCXLVII
Spaccato della Basilica Lateranense prima del
risarcimento. (5)

VI

227 INNOCENTIUS . X . PON . MAX . A . IIII . , sotto
G . M .
Effigie del Pontefice con camauro , mozzetta,
e stola
VATICANIS . SACELLIS . INSIGNITIS .
Interno di S. Pietro cogli ornamenti fatti dal
Pontefice alle Cappelle laterali. (5)

VII

228 INNOCENTIUS . X . PON . MAX . AN . V ., sotto
G . M .
Effigie del Pontefice con capo nudo , e pi-
viale , nel quale è ricamata una Processione
col Papa sotto il Baldacchino.
UT . THESAUROS . ANNI . SANCTIORIS . TECUM .
APERIAM .
S. Pietro in gloria con le chiavi , ed il libro.
Allude all'intimazione del Giubileo. (7)

VIII

229 Iscrizione , ed Effigie simile all'antecedente.
AEDIFICAT . ET . CUSTODIT . nell' esergo.
Il Palazzo del Museo Capitolino fatto compi-

re dal Pontefice sotto la direzione dal Cavalier Rainaldi ad imitazione dell'altro del Buo-
naroti. (7)

IX

230 INNOCEN . X . PONT . MAX . A . VI., sotto G . M .
Effigie del Pontefice con triregno , e camau-
ro ; nel piviale è ricamata la Ss. Concezione.
FIAT . PAX . IN . VIRTUTE . TUA .
Il Padre Eterno fra le nubi in atto di bene-
dire ha il Globo nella sinistra. (7)

X.

231 INNOCEN . X . PON . MAX . A . VI . , sotto G . M .
Effigie del Pontefice con camauro , mozzetta ,
e stola.
TU . DOMINUS . ET . MAGISTER . , nell'esergo
EXEMPL . DEDI . VOBIS .
Nostro Signore lava i piedi a S. Pietro. (3)

XI

232 INNOCENTIUS : X . PON . MAX . AN . VI , , sotto
OPUS . CORMANI .
Effigie del Pontefice con capo nudo , e piviale.
ANNO . JUBIL . , nell' esergo MDCL .
Pellegrini genuflessi avanti la Porta Santa ; nel-
la quale si vede il volto Santo. (2)

XII

233 Iscrizione , ed Effigie simile all' antecedente.
HAEC . PORTA . DOMINI . 1650., nell'esergo ROMA.
Il Pontefice in abito Pontificale entra col Cle-
ro la Porta Santa. (2)

5

XIII

234 INNOC . X . PON . MAX . A . JUB . , sotto G. M.
MDCL .
Effigie del Pontefice con camauro , e trire-
gno ; nel piviale è ricamato S. Paolo.
OSTIUM . COELI . APERTUM . IN , TERRIS . nel-
l' esergo.
Il Pontefice con piviale , e triregno assistito
dal Clero apre la Porta Santa. (7)

XIV

235   Iscrizione , ed Effigie simile all' antecedente.
ET , PORTAE , CÆLI . APERTÆ . SUNT. MDCL. ,
nell' esergo ROMA ,
Porta santa nel mezzo a due rami di Olivo;
nella Porta aperta appare il S. Spirito ; sopra la medesima è la Vergine col bambino. (7)

XV

236 INNOCEN . X . PONT , MAX . A. VII. , sotto G. M.
Effigie del Pontefice con camauro , e triregno ; nel piviale vedesi ricamata mezza figura di S. Pietro .
LAUDENT. IN . PORTIS , OPERA , EJUS , nell'
esergo.
Il Pontefice assistito dal Clero chiude la Porta Santa. (3)

XVI

337 INNOCEN . X , PONT , MAX , A , VII., sotto G. M.
Effigie del Pontefice con camauro , e triregno;
nel piviale ricamata è la Ss. Concezione.

APERUIT . ET . CLAUSIT . , nell'esergo ROMAE.
La Porta Santa chiusa ; v' è nella sommità la
Beata Vergine. (7)

XVII

238 Iscrizione , ed Effigie simile all' antecedente.
APERUIT . ET , CLAUSIT . MDCL . , nell' esergo
AN . JUB .
La Porta Santa chiusa con la Vergine sopra
il Frontespizio ; v' è attorno una corona . di
Olivo. (7)

XVIII

239 INNOCEN . X . PONT . MAX . A . VII . , sotto G. M.
Effigie del Pontefice con triregno , e camauro ;
nel piviale si vede mezza figura di S. Pietro.
APERUIT . ET . CLAUSIT . ANN . JUB . , nell'esergo MDCL .
La Porta Santa chiusa con la Beata Vergine
nella sommità. (3)

XIX

240 Iscrizione , ed Effigie simile all' antecedente.
ET . PORTAE . CAELI . APERTAE . SUNT . MDCL . ,
nell' esergo ROMA .
Porta Santa sopra la quale la Beata Vergine ;
nel mezzo v' è il Volto Santo. (3)

XX

241 Iscrizione , ed Effigie simile al N. XVI.
AGNETI . VIRGINI . ET . MARTYRI . SACRUM .
Una corona cinge l' iscrizione. (7)

5 *

XXI

242   Iscrizione, ed Effigie simile all' antecedente.
ABLUTO . AQUA . VIRGINE . AGONALIUM .
CRUORE .
La Fontana di Piazza Navona con Obelisca
architettata dal Cavalier Bernini. (7)

XXII

243 INNOCENTIUS . X . PONT . MAX ., sotto AN . IX.
G. M.
Effigie del Pontefice con camauro, e mozzetta.
REPLEVIT . ORBEM . TERRARUM .
Lo Spirito Santo cinto da raggi entro una co-
rona di Olivo. Si riferisce alla condanna del-
le proposizioni di Giansenio. (7)

XXIII

244 INNOCEN . X . PONT . MAX . A . X . , sotto G. M.
Effigie del Pontefice con camauro, e mozzetta,
D . AGNETI . VIRGINI . ET . MART . SACRUM .
Prospetto della Chiesa di S. Agnese architet-
tata dal Bonomino. (7)

XXIV

245   Iscrizione, ed Effigie simile all'antecedente.
UT . THESAUROS . ANNI . SANCTIORIS . TECUM.
APERIAM .
S. Pietro con chiavi, e libro sù le nubi. * (7)

---

* Dal Venuti si riporta anche all'Anno X. questo tipo
già indicato.

XXV

246 INNOC . X . PONT . MAX . AN . X ., sotto G. M.
Effigie del Pontefice con camauro , e mozzetta.
FRUCTUM . SUUM . DEDIT . IN . TEMPORE.
Due Angeli volanti sostengono la Croce cinta da raggj , sopra di cui la testa di un Cherubino. (3)

XXVI

247 INNOCEN . X . PONT . MAX . A . XI., sotto G . M.
Effigie del Pontefice con camauro , e mozzetta.
REPLEVIT . ORBEM . TERRARUM .
Lo Spirito Santo volante in mezzo a raggj entro una corona di Olivo. (7)

XXVII

248 INNOC . X . PONT . MAX . AN . XI., sotto G. M.
Effigie del Pontefice con camauro , e mozzetta.
TU . DOMINUS . ET . MAGISTER ., nell' esergo
EXEMPL . DEDI . VOBIS .
Nostro Signore lava i piedi a S. Pietro. (3)

ALESSANDRO VII

I

249 ALEXANDER . VII . PONT . MAX . AN . I ., sotto MDCLV . G . M .
Effigie del Pontefice con capo nudo , e piviale ricamato con immagine di S. Pietro.
VIVO . EGO . JAM , NON . EGO .

Busto del Redentore. Medaglia distribuita dal Pontefice nel giorno del suo Possesso. (3)

II

250. Iscrizione, ed Effigie simile all'antecedente.
JUSTITIA . ET . PAX . OSCULATAE . SUNT .,
nell'esergo ROMA .
La Giustizia galeata con spada nella destra, e la Pace con ramo di Olivo, che si abbracciano. (3)

III

251 ALEXAN . VII. PONT . MAX . A . II. , sotto A . H.
Effigie del Pontefice con camauro, e mozzetta.
FEL . FAUS . Q . INGRES .
Prospetto interno della Porta del Popolo, e ingresso in Roma di Cristina Regina di Svezia. (5)

IV

252 ALEXAN . VII . PONT . MAX . sotto , G . M .
Effigie del Pontefice con camauro, mozzetta, e stola.
Iscrizione, e tipo simile all'antecedente in maggior diametro. (6)

V.

253 ALEXAN. VII . PONT . OPT . MAX . , sotto G . M .
Effigie del Pontefice con camauro, stola, e mozzetta.
ASSAGGIUM . GENERALE . MDCLVI.
Padiglione, e chiavi. Veggasi la Medaglia N. XXVIII. di Urbano VIII. (3)

VI

254 ALEXAN . VII . PONT. MAX. A. III . , sotto G . M.
Effigie del Pontefice con capo nudo, e piviale ricamato, nel quale un'Angelo con Croce.
UT . UMBRA . ILLIUS . LIBERARENTUR .
Un' Angelo fuggente tiene nella destra la spada, nella sinistra un teschio umano. Molti
infermi giacenti avanti la Basilica Vaticana,
ed in aria appare S. Pietro con le chiavi. Allude alla cessazione della pestilenza del 1656. (5)

VII

255 ALEXAN. VII. PONT. MAX . A . III . , sotto G . M.
Effigie del Pontefice con camauro, stola, e
mozzetta.
POPULUM . RELIGIONE . TUETUR.
Un' Angelo appoggiato alla Croce con freno
nella destra regge con la sinistra il Vangelo,
ed ha sotto i piedi la morte. Allude alla stessa occasione. (5)

VIII

256 ALEXAN . VII . PONT. MAX. A. III . , sotto G . M .
Effigie del Pontefice con capo nudo, e pivia-
le ricamato con busto di S. Pietro.
TU . DOMINUS . ET . MAGISTER . nell'esergo.
Nostro Signore lava i piedi agli Apostoli. (2)

IX

257 ALEX . VII . PONT . MAX . A . IV . , sotto G. M.
Effigie del Pontefice con camauro, stola, e
mozzetta.
DIVO . NICOLAO . MYRAE . EPISC . , nell' esergo
CASTRI , GAND , MDCLIX.

Facciata della Chiesa di Castel Gandolfo dalla parte del Lago. (6)

X

258 ALEXAN . VII . PONT . MAX . A . V . , sotto G. M.
Effigie del Pontefice con camauro, stola, e
mozzetta.
DILEXI . DOMINE . DECOREM . DOMUS . TUÆ.
Facciata antica della Chiesa di Castel Gandolfo. (6).

XI

259 ALEXAN . VII . PONT . MAX . A . V . , sotto G. M.
Effigie del Pontefice con camauro, stola,
nella quale la Beatissima Vergine, e mozzetta.
THOMAE . ARCH . VALENT . INTER . SANCT .
RELATO . , nell'esergo MDCLIX.
Facciata della sudetta Chiesa dalla parte della
Piazza. Il Pontefice ristaurò, ed ornò la Chiesa Parrochiale di Castel Gandolfo dedicata a
S. Nicola di Mira. In seguito poi distrusse
questa Chiesa per ivi erigerne altra dedicata
a S. Tommaso da Villanuova da lui canonizato. Affinchè però non venisse in conseguenza a diminuire la divozione a S. Nicola, sotto
alla nuova Chiesa fece costruirne altra a di
lui onore profittando della declività del Colle
dalla parte del Lago. E' a queste diverse circostanze, che alludono le tre Medaglie qui riportate. (6)

XII

260 Iscrizione, ed Effigie simile al N. IV.
DA . PACEM . DOMINE . IN . DIEBUS . NOSTRIS.
Prospetto della Chiesa di S. Maria della Pace. (6)

XIII

261 ALEX. VII.PONT.OPT.MAX.AN.VI., , sotto
G. M.
Effigie del Pontefice con camauro, stola, e
mozzetta
ALEXAN.VII.PONT.MAX.FAMIL.PONTIF.
COMMOD.ET.PALAT.QUIRIN.ORNAM.
AN.SAL.MDCLIX., nell'esergo ROMÆ.
Prospetto del Palazzo della Famiglia Pontifi-
cia al Quirinale. (8)

XIV

262 Iscrizione, ed Effigie simile all'antecedente.
OMNIS.SAPIENTIA.A.DOMINO., nell'esergo
MDCLX.
Il Cortile dell'Archiginnasio Romano costruito
da Leone X. con disegno del Buonarota, ed
ornato da Alessandro VII. della nuova Chiesa architettata dal Borromino. (9)

XV

263 ALEX.VII.PONT.OPT.MAX., sotto AN.VI. G. M.
Effigie del Pontefice con camauro, stola, e
mozzetta.
NAVALE.CENTUMCELL., nell'esergo MDCLX.
Prospetto dell'Arsenale di Civitavecchia. (9)

XVI

264 ALEX.VII.PONT.MAX.AN.VI., sotto G. M.
Effigie del Pontefice con camauro, stola, e
mozzetta.
VIVO.EGO.JAM.NON.EGO., sotto ROMA.
Busto del Redentore. (3)

XVII

265 ALEXAN . VII . PONT . MAX . A . VII . , sotto
G. M.
Effigie del Pontefice con camauro , triregno ,
e piviale ricamato con mezza figura di S. Pie-
tro.
FUNDAMENTA . EJUS . IN . MONTIBUS . SAN-
CTIS . , nell'esergo MDCLXI.
Pianta della Piazza Vaticana secondo l' idea del
Bernino , e prospetto di un lato del Portico
della medesima con fontana . (9)

XVIII

266   Iscrizione , ed Effigie simile all' antecedente.
FUNDAMENTA . EJUS . IN . MONTIBUS . SAN-
CTIS . nell'esergo .
Pianta , e prospetto quasi eguale all'anteceden-
te . (9)

XIX

267 ALEXANDER . VII. PONT. MAX., sotto AN. VIII.,
G. M.
Effigie del Pontefice con camauro , triregno ,
e piviale ricamato con lo stemma della Fa-
miglia .
IMMACULATAE . VIRGINI . VOT . , nell'esergo
ROMÆ .
Prospetto di S. Maria in Campitelli . Chiesa
edificata per voto del Senato , e Popolo Ro-
mano all' immagine miracolosa di S. Maria in
Portico in occasione della peste del 1656. (9)

XX

268   Iscrizione, ed Effigie simile all'antecedente.
VIRGINIS . AEDE . ET . PAULI . HOSPITIO . EX-
ORNATIS ., nell'esergo ROMAE .
Facciata di S. Maria in Via Lata fatta ese-
guire dal Pontefice con disegno di Pietro di
Cortona. (9)

XXI

269   Iscrizione, ed Effigie simile all'antecedente.
PRIMA . SEDES . FIDEI . REGULA . ECCLESIAE .
FUNDAMENTUM .
Prospetto della Cattedra di S. Pietro in Va-
ticano. (9)

XXIi

270 ALEX . VII . PONT . MAX . A . IX . , sotto G. M.
Effigie del Pontefice con camauro, triregno,
e piviale ricamato con lo stemma della Famiglia .
REGIA . AB . AULA . AD . DOMUM . DEI .
La Scala regia del Palazzo Vaticano architettata dal Bernino . (8)

XXIII

271 ALEX . VII . PONT . MAX . A . X . , sotto G. M.
Effigie del Pontefice con camauro, triregno,
e piviale ricamato con lo stemma della Fa-
miglia .
PROCIDAMUS . E . ADOREMUS . IN . SPIRITU .
E . VERITATE .
Il Pontefice portato in alto sotto il Baldacchino
celebra la Processione del Corpus Domini . (9)

XXIV

272 ALEX . VII . PONT . OPT . MAX . , sotto G. M.
Effigie del Pontefice con camauro, e mozzetta .
Iscrizione , e tipo poco diverso dall' antecedente . (9)

XXV

273 ALEXAN . VII . PONT . MAX . AN . XI . , sotto
G. M.
Effigie del Pontefice con camauro, triregno,
e piviale ricamato con lo stemma della Ca-
sa Chigi .
BEATO . FRANCISCO . EPISCOPO . INTER . SAN-
CTOS . RELATO .
La Canonizazione di S. Francesco di Sales,
seguita nella Basilica Vaticana . (8)

XXVI

274 ALEXAN . VII . PONT . MAX . A . XII . , sotto
G. M.
Effigie del Pontefice con camauro, triregno,
e piviale ricamato con lo Stemma della Casa.
AEDIBUS . OECONOMIA . ET . DISCIPLINA . RE-
STITUTIS . nell'esergo .
Prospetto dell' Ospedale di S. Spirito ; v' è in
aria lo Spirito Santo fra nuvole, e raggj . (8)

XXVII

275 Iscrizione , ed Effigie simile all' antecedente.
FUNDAMENTA . EJUS . IN . MONTIBUS . SAN-
CTIS . nell'esergo .
Prospetto della Piazza Vaticana con Portico

minore , che la racchiude , secondo l'architettura del Bernino . (8)

XXVIII

276 Iscrizione , ed Effigie simile all' antecedente.
FUNDAMENTA . EJUS . IN . MONTIBUS . SAN-
CTIS . , nell' esergo VATICANI . TEMPLI .
AREA . PORTICIBUS . ORNATA .
Prospetto della Piazza Vaticana poco diversa
dall' antecedente . (8)

XXIX

277 ALEXAN . VII . PONT . MAX . A . XII . , sotto
G. M.
Effigie del Pontefice simile alle antecedenti ,
S . ANDREÆ . APOSTOLO . , nell'esergo ROMÆ .
Facciata di S. Andrea della Valle con archi-
tettura del Cav. Rainaldi. (8)

XXX

278 ALEXAN . VII . PONT . MAX . A . XIII . , sotto
G. M.
Effigie del Pontefice simile alle antecedenti .
FORMAM . SERVI . ACCIPIENS .
Nostro Signore lava i piedi agli Apostoli . (8)

CLEMENTE IX

I

279 CLEM . IX . P . M . CREAT . XX . JUN . 1667.
Effigie del Pontefice con camauro , stola , e
mozzetta.

CONSTANTIA. SILVERII. AD. IMITAN. PRO-
POSITA. , sotto ROMÆ.
Rombo stemma del Pontefice , sopra il quale
le chiavi , ed il triregno . Allude alla elezione del Pontefice avvenuta nel dì di S. Silve-
rio Papa , (3)

II

280 Iscrizione , ed Effigie simile all'antecedente.
CONSTANTIA. SILVERII. AD. IMITAN. PRO-
POSITA.
Tipo poco diverso dall'antecedente. (3)

III

281 CLEM. IX. PONT. MAX. A. I.
Effigie del. Pontefice con camauro, mozzetta,
e stola.
DEDIT. INDICA. ROSA. ODOREM, SUAVITA-
TIS. ANNO. MDCLXVIII.
Gira attorno una corona di Rose. Si riferi-
sce alla Beatificazione di S. Rosa da Lima. (3)

IV

282 CLEMENS. IX. PONT. MAX. ANNO, I. , sotto
ALBERT. AMERANO.
Effigie del Pontefice con camauro, stola, e
mozzetta.
ALIIS. NON. SIBI. CLEMENS.
Il Pellicano che nutre col suo sangue i figli.
Allude alla clemenza , ed amore del Pontefice
verso de' suoi sudditi. (5)

V

283 CLEMENS. IX. PONT. MAX. ANNO. I. , sotto
AL. AMERANO.

Effigie del Pontefice con camauro, stola, e
mozzetta.

TU . DOMINUS . ET . MAGISTER ., nell' esergo
EXEMPL . DEDI . VOBIS.

Nostro Signore lava i piedi a S, Pietro. (2)

VI

284 CLEM ; IX . PONT . MAX . A . I.

Effigie del Pontefice con camauro, mozzetta,
e stola.

IPSE . DOMINUS , POSSESSIO . EJUS ., nell'esergo 1667.

Agnello Pasquale, che allato ha due rami di
Olivo. Serto che racchiude l'iscrizione; nella
sommità il S. Spirito. Si riferisce al possesso preso dal Pontefice nella Basilica Lateranense. (3)

VII

285 Iscrizione, ed Effigie simile all' antecedente.

PROTECTOR . NOSTER ., nell' esergo ROMÆ.

S. Pietro sedente in atto di benedire tiene le
chiavi con la sinistra. (3)

VIII

286 CLEMENS . IX . PONT . MAX . ANN . II ., sotto
J. B. G. F.

Effigie del Pontefice con camauro, mozzetta,
e stola.

TU . DOMINUS . ET . MAGISTER ., nell' esergo
EXEMPL . DEDI . VOBIS .

Nostro Signore lava i piedi a S. Pietro. (8)

IX

287 CLEMENS . IX . PONT . MAX . A . II ., sotto
A . HAMERANO .
Effigie del Pontefice con camauro, stola, e
mozzetta .
CLEMENS . FOEDERIS . OPUS ., sotto A. H.
La Pace con ramo di Olivo, e la Clemenza
con dardo rovesciato sedenti calpestano la di-
scordia, che si morde le mani. (4)

X

288 CLEM . IX . PONT . MAX . AN . II.
Effigie del Pontefice con camauro, stola, e
mozzetta ,
PACE . POPULIS . SUIS . A . DOMINO . CONCES-
SA . nell'esergo .
Processione del Pontefice in occasione delle
guerre. Quanto questa, che l'antecedente Me-
daglia si riferiscono al trattato di pace di
Acquisgrana fra la Francia, e la Spagna per
mediazione del Pontefice. (4)

XI

289 CLEM . IX . PONT . MAX . A . III.
Effigie del Pontefice con camauro, mozzetta ,
e stola .
ASSAGGIUM . GENERALE . MDCLXIX.
Padiglione, e chiavi. Simile alle già indicate
sotto Urbano VIII., ed Alessandro VII. (4)

XII

290 CLEM . IX . PONT . MAX . A . III.
Effigie del Pontefice simile all'antecedente.

Iscrizione, e tipo quasi simile all'antecedente
in minor dimensione.

XIII

231 Iscrizione, ed Effigie simile al N. XI.
ADDITUM. ECCLESIÆ. MUNIMEN. ET. DECUS.,
sotto S. PETRUS. DE. ALCANTARA. S. M.
MAGDALENA. DE. PAZZIS.
S. Pietro d'Alcantara, e S. Maria Maddalena
de' Pazzi genuflessi sopra nuvole sono illu-
strati dallo Spirito Santo. Allude alla canonizazione di questi due Santi. (4)

XIV

292 CLEMENS. IX. PONT. MAX. AN. III., sotto
ALBERTO. HAMERANI. F !
Effigie del Pontefice con camauro, triregno,
e piviale ricamato.
IN. SPLENDORIBUS. SANCTORUM., sotto
S. PETRUS. DE. ALCANTARA. S. M. MAG-
DALENA. DE. PAZZIS.
Nostro Signore sedente in aria stende le brac-
cia sopra i nuovi Santi genuflessi. (8)

XV

293 Iscrizione, ed Effigie simile al N. XII.
B. B. PETRO. DE. ALCANTARA. ET. M. MAG-
DALENA. DE. PAZZIS. INTER. SANCTOS.
RELATIS.
Gira attorno una corona. (4)

XVI

294 CLEMENS. IX. PONT. MAX. AN. III., sotto
ALB. HAMERAN.

6

Effigie del Pontefice con camauro , mozzetta
e stola,

ELIO . PONTE . EXORNATO .

Il Ponte S. Angelo ornato delle Statue degli
Angeli eseguite sopra i modelli del Cav. Bernini. (8)

CLEMENTE X

I

295 CLEMENS . X . PONT . MAX , , sotto. A . H .
Effigie del Pontefice con camauro , stola , e
mozzetta.

SPIRITU . ORIS . EJUS . OMNIS . VIRTUS . EORUM .
Lo Spirito Santo fra raggj illustra il Cielo,
e la Terra. (3)

II

296 CLEMENS.X. PONT. MAX. A. I., sotto MDCLXX,
Effigie del Pontefice eguale all'antecedente.

ROMA . RESURGENS .
S. Pietro assistito da S. Paolo solleva Roma
genuflessa. Allude alle cure del Pontefice in
diminuire i pesi, onde era gravato lo Stato a cagione delle vicende antecedenti. (3)

III

297 CLEMENS . X. PONT. MAX. A. I., sotto MDCLXX,
Effigie del Pontefice con triregno , e piviale
ricamato.

Iscrizione , e tipo poco diverso dall' antecedente. (3)

IV

298 CLEMENS. X. PONT. MAX. A. I., sotto MDCLXXI
Effigie del Pontefice con camauro, stola, e
mozzetta.
TU. DOMINUS. ET. MAGISTER., nell' esergo
EXEMPL. DEDI. VOBIS.
Nostro Signore lava i piedi a S. Pietro. (4)

V

299 CLEMENS. X. P. M. A. I., sotto A. H.
Effigie del Pontefice simile all'antecedente.
CUM. ME. LAUDARENT. SIMUL. ASTRA.
MATUTINA.
La Ssma Concezione. (6)

VI

300 CLEMENS. X. PONT. MAX. AN. I., sotto ALB.
HAMERANI.
Effigie del Pontefice con triregno, e piviale
ricamato.
TU. ES. PETRUS. ET. SUPER. HANC. PETRAM.
ÆDIFICABO. ECCLESIAM. MEAM.
Nostro Signore dà le chiavi a S. Pietro. (8)

VII

301 CLEMENS. X. PONT. MAX. AN. I., sotto ALB.
HAMERANO.
Effigie del Pontefice con camauro, stola, e
mozzetta.
COLLES. FLUENT. MEL. DE. PETRA., nell'
esergo S. PETRUS. M.
S. Pietro Martire con palma nella destra è
coronato da un' Angelo volante. La elezione
6 *

del Pontefice cadde nel giorno di S. Pietro Martire. (4)

VIII

302 CLEMENS . X . PONT . MAX . A .II ., sotto G. L, MDCLXXI .
Effigie del Pontefice con triregno, camauro, e piviale ricamato.
TU . DOMINUS . ET . MAGISTER ., nell' esergo EXEMPL . DEDI . VOBIS .
Nostro Signore lava i piedi a S. Pietro. (4)

IX

303 CLEMENS . X . PONT . MAX , A . II ., sotto MDCLXXI ,
Effigie del Pontefice con camauro, mozzetta, e stola.
PLENA . EST . OMNIS . TERRA . GLORIA . EO-RUM .
I Cinque Santi canonizati dal Pontefice, e sono S. Filippo Benizi, S. Gaetano Tiene, S. Francesco Borgia, S. Lodovico Bertrando, e S. Rosa di Lima. In alto lo Spirito Santo fra splendori. (4)

X

304 CLEMENS . X . PONT. MAX , AN. II ., sotto ALB. HAMERANUS . F,
Effigie del Pontefice con camauro, mozzetta, e stola.
SOLEM . NOVA . SYDERA . NORUNT .
I cinque Santi suddetti, e lo Spirito Santo fra splendori. (8)

XI

305 CLEMENS . X . PONT . MAX . AN . II. , sotto AL.
HAMERANUS . F .
Effigie del Pontefice simile all' antecedente.
DECOR . EJUS . GLORIA . SANCTORUM . al di-
sotto.
I detti cinque Santi su le nuvole in atto di
adorare il S. Spirito. (5)

XII

306 CLEMENS. X. PONT. MAX. A. II.,sotto MDCLXXI.
Effigie del Pontefice simile all' antecedente.
PLENA . EST . OMNIS . TERRA . GLORIA . EO-
RUM . nell'esergo.
Tipo esprimente gli indicati cinque Santi ,
poco diverso dal sutriferito. (3)

XIII

307 CLEMENS . X . PONT . MAX . A . III. , sotto
EQUES . LUCENTI .
Effigie del Pontefice eguale all' antecedente.
DEUS . FUNDAVIT . EAM . , sotto A . MDCLXXII.
L' Aspetto esteriore della Tribuna della Basi-
lica Liberiana. (5)

XIV

308 CLEMENS . X . PON . MAX . A . III. , sotto J . HA-
MERANUS . F .
Effigie del Pontefice con tiregno , e pivia-
le ricamato , ov'è il martirio di S. Pietro
Domenicano.
VIVIFICAT . ET . BEAT . inciso in una fettuccia.
La figlia, che allatta il vecchio Padre nel Car-

cere, ossia la Carità Romana, nel sedile v'è
un I. ed H., che indica il nome dell'Artefice, e l'anno 1672. (5)

XV

309 CLEMENS . X . PONT . MAX . AN . IIII ., sotto
EQUES . LUCENTI .
Effigie del Pontefice con camauro, mozzetta,
e stola.
CUM . ME . LAUDARENT . SIMUL . ASTRA . MA-
TUTINA .
La Ssma Concezione. (5)

XVI

310 CLEMENS . X . PON . M . A . IIII . sotto JO . HA-
MERANUS .
Effigie del Pontefice di prospetto in atto di
benedire con triregno, e piviale ricamato.
PER . ME . VITA . EXTRA . ME . MORS.
Figura della Religione con croce, e Vangelo
nelle mani è illustrata dal S. Spirito, mentre varie figure genuflesse le sono dinnanzi. (5)

XVII

311 CLEMENS . X . PONT . MAX . A . IIII .
Effigie del Pontefice con camauro, mozzetta,
e stola.
INTERCEDITE . PRO . NOBIS .
S. Pietro, e S. Paolo, stanti il primo con le
chiavi, il secondo con la spada. (5)

XVIII

312 CLEMENS . X . PONT . MAX . AN . IIII ., sotto
JO . HAMERANUS . F.

Effigie del Pontefice con camauro , mozzetta ,
e stola.

UT. ABUNDANTIUS . HABEANT .

Figura dell' Abbondanza giacente sotto un'al-
bero coronata di spighe con cornucopio, e
spighe nella destra. Ha dinnanzi due putti.,
che parimenti portano spighe ; in lontananza
carri con grano. Si riferisce alla vigilanza del
Pontefice in provvedere lo Stato Pontificio di
grani nella penuria di quell' Anno. (5).

XIX

3i3 CLEMENS. X. PONT. MAX.AN. V., sotto EQUES.
LUCENTI .

Effigie del Pontefice con camauro , mozzetta ,
e stola.

TURCAR . SIGNA . A . POLONIS . RELATA. , nell'
esergo MDCLXXIV .

Il Pontefice sedente con triregno , e piviale
riceve da una figura genuflessa lo stendardo
lunato dei Turchi. Allude alla celebre vittoria riportata sopra i Turchi da Giovanni Sobieski Rè di Polonia. L'annunzio ne fù arre-
cato in Roma da un Nobile Polacco , che of-
frì al Pontefice lo stendardo Turco , come
nella Medaglia. (6)

XX

3i4 CLEMENS . X . PONT . MAX. AN . V . , sotto JO.
HAMERANUS . F.

Effigie del Pontefice con triregno , e piviale
ricamato , nel quale il Pontefice , che riceve lo
stendardo Turco .

DOMUS . DEI . ET . PORTA . COELI .

Il Pontefice assistito dal Clero in abiti Pontificali apre la Porta Santa ; vi sono molte

persone genuflesse : lo Spirito Santo irradia la
sacra funzione . (8)

XXI

315 Iscrizione , ed Effigie simile all' antecedente.
APERI . EIS . THESAURUM . TUUM . , nell'esergo
MDCLXXV.
Il Pontefice con triregno , e piviale assistito
dal Clero in abiti Pontificali apre la Porta
Santa . (8)

XXII

316 Iscrizione , ed Effigie simile all' antecedente.
Iscrizione , e tipo poco diverso dall' antecedente . (8)

XXIII

317 CLEMENS . X. PON . MAX . A. V. , sotto OPUS.
HAMERANI.
Effigie del Pontefice con triregno , e piviale
ricamato , nel quale una processione .
APERUIT . DOMINUS . THESAURUM . SUUM . ,
nell'esergo MDCLXXV.
Il Pontefice assistito dal Clero in abiti Pontificali apre la Porta Santa ; da ambo i lati
si vede la Guardia Svizzera . (4)

XXIV

318 CLEMENS . X . PONT . MAX . AN . VI . , sotto
JO . HAMERANUS F.
Effigie del Pontefice con triregno , e piviale
ricamato con la Crocifissione .
● FLUENT . AD . EUM . OMNES . GENTES .
Prospetto della Basilica Vaticana ; avanti la

Lupa coi gemmelli; in aria un' Angelo con
trombe regge una bandiera, in cui è scritto:
IN . SPLENDORE . STELLARUM . Allude all'
Anno del Giubileo . (8)

XXV

319   Iscrizione , ed Effigie simile all' antecedente.
LAUDENT . IN . PORTIS . OPERA . EJUS . ; nell'
esergo MDCLXXV.
Il Pontefice assistito dal Clero in abiti Pontificali chiude la Porta Santa . (8)

XXVI

320 CLEMENS , X . PONT . MAX , A . VI . , sotto
JO . HAMERANUS . F.
Effigie del Pontefice con triregno , e piviale ,
nel quale un Santo in adorazione della Cro-
ce , che appare fra le nubi retta dagli An-
geli.
BENEDIXIT . FILYS . IN . TE .
Il Pontefice con triregno , e piviale chiude la
Porta Santa assistito dal Clero in abiti Pon-
tificali . (6)

XXVII

321 CLEMENS . X . PONT . MAX . AN . VI.
Effigie del Pontefice con camauro , stola , e
mozzetta ,
DOMUS . ALTERIA . , nell' esergo MDCLXXV.
Prospetto del Palazzo Altieri . Lavoro dell'Hamerani lodato dal Venuti , benchè rimasto im-
perfetto . (8)

XXVIII

322 CLEMENS . X . PONT . MAX . A. VII. , sotto EQ.
LUCENTI .
Effigie del Pontefice con capo nudo , e pi-
viale ricamato , nel quale mezza figura di
S. Pietro .
CUNCTIS . PATET . INGRESSUS .
Porto di Civitavecchia con bastimenti . Allu-
de alle diminuzioni de' dazii sulle merci por-
tate dall' Estero nel porto di Civitavecchia. (7)

INNOCENZO XI

I

323 INNOCENTIUS . XI . ODESCALCHUS . PON. M ,
sotto OPUS . HAMERANI .
Effigie del Pontefice con camauro , stola , e
mozzzetta .
INNOCENS . MANIBUS.. ET . MUNDO . CORDE .
Il Pontefice in abiti Pontificali sopra la Sedia Gestatoria è portato in S. Pietro proces-
sionalmente col Sacro Collegio , e la Famiglia Pontificia . (6)

II

324 INNOCEN . XI . PONT . MAX.
Effigie del Pontefice con camauro , triregno ,
e piviale ricamato .
DE . CÆLO . PROSPEXIT .
Figura sedente con spada nella destra , e bilancia nella sinistra . Esprime la Giustizia ,
che il Pontefice ebbe sommamente a cuo-
re . (5)

III

325 INNOCENTIUS . XI. PONT. MAX. , sotto OPUS.
HAMERANI.
Effigie del Pontefice con triregno, e piviale
ricamato.
FIAT . PAX . IN. VIRTUTE . TUA . , sotto 1676.
Lo Spirito Santo fra i raggi. Allude all' impegno, e preghiere del Pontefice, onde pacificare la Francia, e la Spagna involte in
terribile guerra . (2)

IV

326 INNOCENTIUS . XI. PONT . MAX.
. Effigie del Pontefice con camauro, mozzetta,
e stola.
DIVINÆ . NUNCIA . MENTIS.
L'Aquila, il Leone, e la coppa nelle fascie
dello Zodiaco. Esprime lo Stemma gentilizio
del Pontefice. (7)

V

327 INNOCENTIUS . XI . PNO . MAX . AN . I . ,
MDCLXXVI.
Effigie del Pontefice con camauro, mozzetta,
e stola.
FIAT . PAX . IN . VIRTUTE . TUA .
Lo Spirito Santo fra raggi poco diverso dall'
antecedente. (3)

VI

328 INNOCEN . XI . PON . MAX . AN . I . , sotto HA-
MERANO.
Effigie del Pontefice con triregno, e piviale

ricamato , nel quale Nostro Signore , che dà le
chiavi a S. Pietro .
SALVA . NOS. DOMINE .
S. Pietro nelle acque sostenuto da Nostro Signore . (2)

VII

329 INNOCEN . XI . PONT . MAX.
Effigie del Pontefice con camauro , mozzetta ,
e stola .
Iscrizione , e tipo quasi simile all' anteceden-
·te . (2)

VIII

330 INNOCEN . XI . PONT . M . A . II. , sotto HA-
MERANUS.
Effigie del Pontefice con camauro , mozzetta ,
e stola .
AUDITE . VOCES . SUPPLICUM .
S. Pietro , e S. Paolo stanti . (3)

IX

331 INNOCEN . XI . PONT . MAX . AN . III . , sotto
OPUS . HAMERANI .
Effigie del Pontefice con triregno , e piviale
ricamato .
NON . DEFICIET . FIDES . TUA .
S. Pietro sedente . (4)

X

332 INNOCENTIUS . XI . PONT . MAX . A . III. , sotto
MDCLXXIX.
Effigie del Pontefice con camauro , stola , e
mozzetta .

UNDE . PENDET .

Una Figura coronata stante riceve da un Genio volante fra le nubi la bilancia ; nel basso v'è un'arma con cappello . Nel bordo leggesi : GLORIÆ . PONDUS . MOMENTANEUM ,
ET . LEVE . ÆTERNUM . * (8)

XI

333 INNOCEN . XI . PONT . M . A . IIII . , sotto HA-
MERANUS . F.

Effigie del Pontefice simile all'antecedente .

IN . SÆCULUM . STABIT ,

La Fede velata stante con calice nella destra , e Croce nella sinistra ; in distanza prospetto della Bas ilia Vaticana . (5)

XII

334 INNOCENTIUS . XI . PONT . MAX . A . IIII . ,
sotto HAMERANUS .

Effigie del Pontefice simile all'antecedente .

TU . DOMINUS . E . MAG . , nell'esergo EXEMPL.
DEDI . VOBIS .

Nostro Signore lava i piedi agli Apostoli . (2)

XIII

335 INNOCEN . XI . PONT . MAX .

Effigie del Pontefice con triregno , e piviale
ricamato .

FECIT . PACEM . SUPER . TERRAM . *

---

* Al Venuti , ed al Bonanni sembra incerto , se quesia
sia Medaglia , o moneta attesa la bassezza del Conio ; credono
però più verisimile , che sia Medaglia di un qualche Privato
coniata ad onore del Pontefice ,

La Mansuetudine genuflessa con Agnello ai piedi offre un vaso con profumo ad un'Angelo, che dalle nubi mostra un ramo di Olivo. Si riferisce al celebre trattato di pace di Nimega. (11).

XIV

336 INNOC. XI. PONT. MAX. A. V., sotto HAMERANUS. F.

Effigie del Pontefice con capo nudo, e piviale ricamato, nel quale il Crocifisso.

IN. COELO. SEMPER. ASSISTITUR.

S. Michele con fulmine nella destra calpesta il Diavolo. (5)

XV

337 INNOCEN. XI. PONT. MAX. A. V., sotto HAMERANUS. F.

Effigie del Pontefice con capo nudo, e piviale ricamato con la figura del Salvatore.

NON. QUÆRIT. QUÆ. SUA. SUNT.

La Carità sedente con due fanciulli. (6)

XVI

338 INNOC. XI, PON. M. A. VI., sotto HAMERANUS. F.

Effigie del Pontefice con camauro, mozzetta, e stola.

UNA. SUPER. UNUM.

La Chiesa sedente sopra nubi con triplice Croce, e Tempio rotondo, sopra il quale posa la mano con chiavi; a destra v'è un'Angelo col triregno. Il Venuti la riferisce alla eresia di Michele Molinos estinta dal Pontefice nal suo nascere. (5)

XVII

339 INNOC. XI. PON, M. A. VII., sotto HAMERA-
MUS. F.
Effigie del Pontefice con camauro, mozzetta,
e nella stola un Santo genuflesso ad un Crocifisso.
IN . SÆCULUM . STABIT ,
Figura della Religione stante con triplice croce nella destra, e chiavi nella sinistra. Ai lati
ha due Angeli uno con tempio, l'altro con
triregno; intorno vi sono nubi. (5)

XVIII

340 INNOCENTIUS . XI. PONT . MAX . A . VIII .,
sotto HAMERANUS.
Effigie del Pontefice con capo nudo, e pi-
viale ricamato.
TU . DOMINUS . E . MAG., nell'esergo EXEMPL.
DEDI . VOBIS.
Nostro Signore lava i piedi agli Apostoli. (2)

XIX

341 Iscrizione, ed Effigie simile al N. XIII.
DEXTERA . TUA . DOMINE . PERCUSSIT . INI-
MICUM ., sotto 1683.
Cinge l'iscrizione una corona. Allude alla li-
berazione di Vienna assediata da Turchi. Il
Pontefice volle in tale occasione servirsi della
stessa epigrafe, di cui fece uso S. Pio V, per
la celebre vittoria di Lepanto. (11)

XX

342 INNOC. XI. PONT, M. A. VIII., sotto HA-
MERANUS. F.

Effigie del Pontefice con camauro, mozzetta, e stola.

HABETO. NOS. FOEDERATOS. ET. SERVIE-MUS. TIBI.

Altare con Triregno, le Corone Imperiale, e Reale, e il Berretto Ducale. Lo Spirito Santo in aria spande luce sopra questa alleanza. Nell' altare è scritto: ANNO. DOMINI. MDCLXXXIIII. Esprime l'alleanza contro i Turchi fra il Pontefiee, l'Imperatore Leopoldo, Giovanni III. Re di Polonia, e Marco Antonio Giustiniani Doge di Venezia. (7)

XXI

343 INNOCEN. XI. PONT. MAX., sotto HAME-RANUS. F.

Effigie del Pontefice con triregno, e piviale ricamato con la Beatissima Vergine in gloria.

CONFORTAMINI. ET. NON. DISSOLVANTUR. MANUS. VESTRÆ.

Il Leone di Venezia col libro, ove PAX. TI-BI. MARCE e colla spada dà una face alle Aquile coronate superiormente volanti, una delle quali è bicipite. (7)

XXII

344 INNOC. XI. PONT. M. AN. VIII., sotto HAME-RANUS. F.

Effigie del Pontefice con triregno, e piviale ricamato.

Iscrizione, e tipo poco diverso dal N. XVII. (5)

XXIII

345 INNOC. XI. PONT. M. AN. IX., sotto HAME-RANUS. F

)(97)(

Effigie del Pontefice con camauro, stola, e mozzetta.

DOMINUM. FORMIDABUNT. ADVERSARII. EJUS.
La Chiesa con croce nella destra, e fiamma nella sinistra; allato ha un'Angelo con Vangelo. Allude forse secondo il Venuti all' Isola di S. Maura presa dai Veneziani ai Turchi nel 1684., ed ai felici successi, che si speravano dalla quadruplice alleanza. (5)

XXIV

346 INNOC. XI. PONT. M. AN. X., sotto HAMERANUS. F.
Effigie del Pontefice con triregno, e piviale ricamato, nel quale mezza figura di S. Pietro con chiavi.

NON. DEFICIET. FIDES. TUA.
S. Pietro sedente con nimbo sopra il capo regge con la sinistra le chiavi; nella destra ha un libro. (5)

XXV

347 INNOC. XI. PONT. M. A. XI., sotto HAMERANUS. F.
Effigie del Pontefice con camauro, stola, e mozzetta.

IN. PERPETUUM. CORONATA. TRIUMPHAT.
Croce innalzata sopra un monte con corona di spine, e raggi d'intorno stà solida fra quattro venti che soffiano. Allude alle vittorie riportate in Ungaria in quell'anno sopra i Turchi. (6)

XXVI

348 INNOCEN. XI. PONT. MAX., sotto AN. XII. HAMERANUS. F.

Effigie del Pontefice con triregno, e piviale ricamato con S. Paolo.

SPERENT . IN . TE . QUI . NOVERUNT . NO-MEN . TUUM .

Figura stante della speranza con gli occhi rivolti ad un raggio celeste tiene nella destra l'ancora. Si riferisce. alla stessa occasione. (7)

XXVII

349 INNOCENTIUS . XI . PONT . MAX ., sotto GU-GLIELMADA . INC .

Effigie del Pontefice con camauro, mozzetta, e stola .

VENITE . ET . VIDETE. OPERA . DOMINI ., sotto 1688.

Il Pontefice sedente sul trono con mozzetta, e stola ; un Missionario Gesuita, che presenta tre Ambasciatori del Tunchino . (9)

XXVIII

350 INNOC . XI . PONT . MAX . A . XIII ., sotto JO . HAMERANUS .

Effigie del Pontefice con camauro, mozzetta, e stola.

FORTITUDO . MEA . DOMINE .

Figura sedente della Fortezza galeata con colonna nella destra, e con la sinistra posata sopra un Leone; ha lo scudo al lato. Si riferisce alla costanza del Pontefice fralle avversità di quell'Anno, in cui si accese la guerra fra Principi Cristiani, ed il Re Giacomo II. d'Inghilterra fu espulso dal Trono. (6)

ALESSANDRO VIII

I

35₁ ALEXAN. VIII, OTTOBON, P, O, M, CRE. VI,
OCT. 1689. , sotto JO. HAMERANUS. F.
Effigie del Pontefice con camauro, mozzetta,
e stola.
MUNIT. ET. UNIT.
Globo tagliato da una Zona traversa rappre-
sentante lo Zodiaco; nella parte inferiore la
Terra, nella superiore il Cielo. Allude in
qualche modo allo stemma gentilizio del Pon-
tefice. (7)

II

35₂ ALEXAN . VIII. PONT, M.A.I., sotto HA-
MERAN.
Effigie del Pontefice con triregno, e piviale
ricamato, in cui S. Brunone.
SUAVITATE. nell'esergo 1690.
Turibolo con incenso, Allude alla affabilità
del Pontefice, ed alla sua perizia nelle Ec-
clesiastiche discipline. (3)

III

353 Iscrizione, ed Effigie simile all'antecedente,
DOMINI. EST. ASSUMPTIO. NOSTRA.
La Cattedra di S. Pietro irradiata dal S. Spi-
rito. (3)

IV

354 ALEXAN. VIII, PONT. M. A. I., sotto HAME-
RANUS.

7 *

Effigie del Pontefice con camauro, stola, e
mozzetta.

Iscrizione, e tipo poco dissimile dall' antecedente. (3)

V

355 ALEXAN . VIII . PONT . MAX . AN. I. , sotto JOS.
ORTOLANI . VEN . F.

Effigie del Pontefice con camauro, stola, e
mozzetta.

VICTRICEM . MANUM . TUAM . LAUDEMUS .

Mezza figura della Beata Vergine col bambino
sopra le nuvole ; due Turchi prigionieri sulla
sponda del mare con le mani legate al ter-
go , ed accanto a due Trofei . Si riferisce alle
vittorie riportate dai Veneziani su i Turchi
l'anno 1690. sotto il patrocinio della B. Vergine , e principalmente alla liberazione della
Morea. (7)

VI

356 ALEXAN . VIII . PONT . MAX . , , sotto HAMERA-
NUS : F,

Effigie del Pontefice con triregno , e piviale
ricamato con un Santo genuflesso.

LAURENTIO . JUST. IN . SS. ALBUM . RELATO.,
nell'esergo PETRO . ET . JOANNE . LANDIS.
ORAT . VEN. ADNITENTIBUS .

S. Lorenzo Giustiniani sedente con gli abiti
Pontificali in atto di benedire , e con doppia
croce nella sinistra. (6)

VII

357 ALEX . VIII . P . M. OTTHOBONUS , VENETUS . ;
sotto HAMERANUS . F.

Effigie del Pontefice con camauro , stola , e mozzetta .

Iscrizione , e tipo poco diverso dall' antece-dente . (6)

VIII

358 ALEXANDER . VIII. OTTHOBONUS . VENETUS. PONT . MAX .

Effigie del Pontefice con camauro , mozzetta , e stola , nella quale è ricamata la Beatissima Vergine col bambino .

PETRUS . CARD . OTTHOBONUS . S. R. E. VI-CECAN . PATRUO . MAG . BENEMERENTI. POSUIT . MDCC.

Il Sepolcro di Alessandro VIII. che esiste nella Basilica Vaticana ; nell' urna : ALEX . VIII. PONT . MAX . , sotto l' esergo COM . CARO-LUS . S . MARTIN . INVEN . Lo stemma del Cardinal Ottoboni con ornamento , e le lette-re S. U. , che vale S. URBANUS . Questa Me-daglia fù incisa dal celebre Artefice Ferdi-nando di S. Urbano . (21)

IX

359 SEDE . VACANTE . MDCXCI.

Le teste de' Ss. Apostoli Pietro , e Paolo coi nimbi .

VENI . LUMEN . CORDIUM . sotto ROMAE.

Lo Spirito Santo fra i raggj . Nella festività de' SS. Apostoli Pietro , e Paolo anche in Se-de Vacante si battono delle Medaglie da di-stribuirsi agli Officiali della Reverenda Came-ra . Questa Medaglia fù appunto coniata in tale occasione dopo la morte di Alessan-dro VIII. (3)

INNOCENZO XII.

I

360 INNOCEN . XII . PONT . M . A . I . , sotto HAME-
RAN .
Effigie del Pontefice con camauro , mozzetta ,
e stola .

A . DEO . DATUS . DIE . XII . CORONAT . XV .
JULII .
Nella sommità testa di Serafino . (3)

II

361 INNOCEN . XII . PONT . MAX . , sotto. HAME-
RANUS . F.
Effigie del Pontefice con triregno , e piviale
ricamato .
JUSTITIA . ET . ABUNDANTIA . PACIS .
Figura sedente della Giustizia con bilancia
nella destra , e ramo d' Olivo nella sinistra ,
in terra v' è la spada . Esprime i voti , e le
cure del Pontefice in pacificare i Principi Cristiani . (7)

III

362 Iscrizione , ed Effigie simile al N. I.
A . DEO . ET PRO . DEO .
Figura della Carità con bambino fra le braccia , ed attorno due fanciulli , che versano monete dai vasi che tengono sugli omeri . Enun-
cia l' insigne liberalità del Pontefice verso
de' Poveri . (3)

IV

363   Iscrizione, ed Effigie simile all'antecedente.
PACEM . DONES . PROTINUS .
Il Santo Spirito fra i raggj. (3)

V.

364 INNOC . XII . PONT . MAX . A . II . , sotto HA-
MERANO .
Effigie del Pontefice con triregno , e piviale
ricamato .
BEATUS . QUI. INTELLIGIT . SUPER. EGENOS.
ET . PAUPERES .
Il Pontefice sedente in trono assistito dalla
sua Corte , e dalla sua Guardia riceve diversi
poveri genuflessi . (4)

VI

365 INNOCEN . XII . PONT . M . A . III. , sotto HA-
MERANUS .
Effigie del Pontefice con camauro , mozzetta ,
e stola .
VIGILAT . QUI . CUSTODIT . EAM .
S. Pietro stante con chiavi , e volume si ri-
volge alla Città di Roma , che vedesi in pro-
spettiva .

VII

366 INNOCENTIUS . XII . PONT . MAX . A . III . ,
sotto AN . PILAJA . MESSANEN .
Effigie del Pontefice con triregno , e piviale ,
nel quale la Santissima Concezione .
ERIT . EGENO . SPES. JOB. V. , sotto MDCXCIV.
Prospetto dell' Ospizio Apostolico a Ripa Gran-

de . Innocenzo XII. ampliò , e dotò questa pia Fondazione . (7)

VIII

367 INNOC . XII · PONT . MAX . A. IV ., sotto HA-
MERANUS . F.
Effigie del Poutefice con triregno , e piviale , nel quale S. Pietro.
JUSTITIÆ. ET.. PIETATI. , nell'esergo CIƆIƆCVC.
Prospetto della Curia Innocenziana a Monte
Citorio architettata prima dal Bernino , e poi
compita dal Fontana. Il Pontefice comperò
questo Palazzo appena incominciato dal Prin-
cipe Ludovisi , lo compì , e destinollo alla Cu-
ria Romana . (5)

IX

368 INNOCENTIO . XII . PONT. MAX . A . IV ., sotto
GASP . CARD . DE . CARFINEA . URB., sotto
J. H.
Facciata della Chiesa di S. Maria delle For-
naci.
ÆDIS . D . MARIÆ . DEUM . NOBIS . EXORAN-
TIS . PIORUM . ELEMOSINIS . FUNDAMEN-
TA . JACTA . VETERI . COMPREHENSO . SA-
CELLO . CURA . JOSEPHI . FARALDI . IN .
FIGULINIS. VATICANIS JAMPRIDEM. CON-
STRUCTO . AN . MDCXCIV : QUO . CLASSIS.
ROMANA . FÆDERATIS . AD . CHII . EXPU-
GNATIONEM . SUBSIDIO ADIVIT.
Al · di sopra testa di Serafino . (16)

X

369 INNOC . XII . PONT . MAX . AN . V. , sotto JO.
HAMERANUS . F.

Effigie del Pontefice con camauro, mozzetta, e stola ricamata.
QUÆSTUS . MAGNUS . PIETAS . CUM . SUFFI-
CIENTIA., nell'esergo M DCIIIIC.
Prospetto dell'antico Tempio volgarmente no-
minato Basilica Antonina ridotto a Dogana di
Terra . (5)

XI

370 INNOCEN . XII . PONT . M . A . VI. , sotto HA-
MERANUS .
Effigie del Pontefice con triregno, e piviale
ricamato .
ANNUNTIATE . INTER . GENTES .
Il Pontefice seduto sul Trono dà la Croce ai
Missionarii di Propaganda . Indica la munifi-
cenza del Pontefice in donare una vistosa
somma al Collegio di Propaganda, onde man-
dasse de' Missionarii nei paesi Orientali . (6)

XII

371 INNOCE . XII . PON . M . A. VII . , sotto HAME-
RANUS .
Effigie del Pontefice con camauro, mozzetta,
e stola .
FUNDAMENTA . FIDEI . , nell'esergo CIƆIƆCIIC.
Busti degli Apostoli S. Pietro, e S. Paolo coi
nimbi . (6)

XIII

372 INNOCE XII . PON M . A. VIII. , sotto HAMER.
Effigie del Pontefice con triregno, e piviale,
nel quale la Madonna col bambino.
JUBILEI . SAECULARIS . INDICTIO. , nell'esergo
CIƆIƆCIC .

Porta Santa innanzi la quale l'Angelo con due trombe; in una fascia volante : JUBILATE . DEO . OMNIS . TERRA. (6)

XIV

373 INNOCEN . XII . P . M . A .VIII ., sotto HA-MERAN .
Effigie del Pontefice con camauro, mozzetta, e stola.
TU . DOMINUS . E. MAG. , nell' esergo EXEMPL. DEDI . VOBIS .
Nostro Signore lava i piedi agli Apostoli. (3)

XV

374 INNOCEN . XII . PONT . MAX . , sotto HAME-RANUS .
Effigie del Pontefice con camauro , mozzetta, e stola.
SUB . TUUM . PRAESIDIUM . , sotto 1699.
La Beata Vergine col Bambino secondo il disegno di Carlo Maratta eseguita in mosaico nel Cortile del Quirinale da Giuseppe Conti. Sotto v'è lo stemma del Pontefice. (7)

XVI

375 INNOC . XII . PONT . M . AN . JUB . sotto MDCC .
Effigie del Pontefice con triregno, e piviale, nel quale la Porta Santa irradiata dal Santo Spirito.
INTROITE . PORTAS . EJUS . , nell' esergo HA-MERANUS . F.
Una Processione entra la porta Santa aperta per ordine del Pontefice. (6)

XVII

376 INNOCEN . XII . PON . M. A . JUB . , sotto MDCC.
Effigie del Pontefice con camauro , mozzetta,
e stola.

JUSTITIA . ET ABUNDANTIA . PACIS .
Figura della Giustizia sedente ha nella destra
la Bilancia , nella sinistra il ramo di Olivo ;
appiedi la spada. (3)

CLEMENTE XI

I

377 CLEM . XI . P . M . CREA . XXIII . NOV . MDCC .
sotto HAMERANUS . F .
Effigie del Pontefice con triregno , e piviale
nel quale l'Arma della Famiglia.

REPLEVIT . ORBEM . TERRARUM .
Lo Spirito Santo volante fra i raggj in mezzo ad una corona di Olivo. * (6)

II

378 CLEM . XI . PONT . M . AN . I . sotto JO . HAME-
RANUS .
Effigie del Pontefice con camauro , stola,
e mozzetta.

INFUNDE . LUMEN . , nell'esergo UT . SINT .
ASPERA . IN VIAS . PLANAS .
Il S. Spirito fra raggj , che irradia la terra

---

* Il Pontefice adottò in questa circostanza il Conio stesso
d'Innocenzo X.

coi monti, e la' stella stemma del Pontefice.
Egli incominciò il suo Pontificato in tempi dif-
ficilissimi principalmente a cagione della osti-
nata guerra per la successione al Trono di
Spagna. (3)

III

379 CLEMENS . XI . PONT . MAX . ANNO . I . , sotto
JO . HAMERANUS .
Effigie del Pontefice con triregno , e piviale ri-
camato con S. Paolo.
FIAT . PAX . SUPER . ISRAEL . 1701 .
Figura genuflessa della Chiesa con croce tri-
pla si appoggia al triregno , in aria il Santo
Spirito , nella base di una colonna v' è lo
stemma Albani. Allude all' ardente zelo del
Pontefice nel pacificare i Principi Cristiani. (3)

IV

380 CLEMENS . XI . PONT . OPT . MAX . , sotto HER-
MENEGILDUS . HAMERANUS .
Effigie del Pontefice con triregno , e piviale,
nel quale lo stemma della Famiglia.
FACTUS . EST . PRINCIPATUS . SUPER . HUME-
RUM . EJUS .
Nostro Signore caduto sotto il peso della Croce. Allude alla resistenza che fece il Pontefice per tre giorni in accettare il Pontificato ,
a cui infine non si prestò che per condiscen-
dere alle preghiere del S. Collegio. Questa Medaglia lodatissima dal Venuti fù opera di Er-
menegildo Amerani in età allora di soli die-
cisette Anni. (13)

V

381 CLEM . XI . PONT . M . A . II . , sotto BEA . HA-
MERANI . F .
Effigie del Pontefice con camauro, mozzetta,
e stola con croce.
VADE . ET . PRÆDICA . , sotto MDCCII .
Il Pontefice con mitra , ed abiti sacri spedi-
sce alla Cina Monsig. de Tournon poi Cardinale di S. Chiesa per togliere la celebre con-
troversia sulle cerimonie Cinesi. (3)

VI

382 CLEM . XI . PONT . OPT . M . , sotto OPUS . HA-
MERANI .
Effigie del Pontefice con la mano in atto di
benedire ; ha sul capo il triregno ; nel pivia-
le S. Clemente Papa.
AUXILIUM . MEUM . A . DOMINO . , nell'esergo
NOVA . BASILICA . SS. XII. APOST . MDCCII,
Pianta della Basilica de Ss. Dodici Apostoli ri-
modernata dal Pontefice. (9)

VII

383 CLEM . XI . PONT . MAX . , sotto HERMENEG .
HAMERANUS .
Effigie del Pontefice di prospetto con camau-
ro, mozzetta , e stola.
Iscrizione, e tipo poco diverso dall'antece-
cedente. (9)

VIII

384 CLEMENS . XI . PONT . M . A . III . , sotto JOAN.
HAMERANI . F .

Effigie del Pontefice con camauro, stola, e mozzetta.

HAURIETIS . IN . GAUDIO .

Il Porto di Civitavecchia con aquedotto, e fontana. Stante la scarsezza dell'acqua salubre in Civitavecchia il Pontefice restituì l'antico Acquedotto. (15)

IX

385 CLEM . XI . PONT . M . A . III . , sotto HERMEN. HAMERANI .

Effigie del Pontefice con camauro, mozzetta, e stola.

ROBUR . AB . ASTRIS .

Figura della Fortezza armata sedente in terra con leone allato. Allude alla costanza del Pontefice in mezzo alla guerra di quasi tutta l'Europa. (5)

X

386 CLEMENS . XI . P . M . AN . IIII . , sotto HAME-RANUS .

Effigie del Pontefice con camauro, stola, e mozzetta.

UT . ERUANTUR . A . VIA . MALA .

Il Carcere di Correzione coi ragazzi, che lavorano eretto dal Pontefice presso l'Ospizio Apostolico di S. Michele. * (5)

XI

387 Iscrizione, ed Effigie simile al N. IV.

ADDITO . ANNONÆ . PRÆSIDIO . , sotto 1704.

---

* Ultimo lavoro di Gioanni Hamerani, il quale morì poco dopo.

Granari di Termini accresciutl con la nuova
Fabbrica presso S. Bernardo. (15)

XII

388 CLEMENS . XI . P . M . AN . V . sotto E . H .
Effigie del Pontefice con triregno , e piviale ,
nel quale lo stemma della Famiglia.
COMMODIORI . ANNONÆ . PRÆSIDIO . , nell'
esergo. 1.705.
Il mentovato Granajo compito. (6)

XIII

389 CLEMENS . XI . P . M . AN . VI . , sotto HAME-
RANUS .
Effigie del Pontefice con camauro , stola , e
mozzetta .
COMMODITATI . ET . ORNAMENTO . , sotto
MDCCVI .
La nuova gradinata del Porto sul Tevere det-
to di Ripetta. (7)

XIV

390 CLEMENS . XI . P . M. AN. VII. , sotto HERMEN ,
HAMERAN .
Effigie del Pontefice con triregno , e piviale
ricamato.
DEO . SACRA . RESURGET . .
La Macchina ideata dal Cav. Carlo Fontana
per iscavare la gran colonna di granito rin-
venuta presso la Casa de'Missionarii a Monte Citorio , che voleva erigersi innanzi la Curia Innocenziana , ma che essendo stata dan-
negiata dal fuoco fù dalla s. m. di Pio VI.
adoperata nel ristanro del grande Obelisco So-
lare da lui eretto in luogo di quella. (7)

XV

391 CLEMENS . XI . P . M . AN . VIII . , sotto HAME-
RANUS . F.
.. Effigie del Pontefice con camauro , e mozzetta.
e stola.
IN . HONOREM . S. CRESCENTINI . MARTYRIS.
L' Altare di S. Crescentino nella Cattedrale di
di Urbino Patria del Pontefice. (7)

XVI

392 CLEMENS . XI . P . M . AN . VIIII . , sotto 'HA-
MERANUS . .
Efigie del Pontefice con triregno, e piviale ri-
camato nel quale una Processione con padi-
diglione.
PORTAVERUNT . TABERNACULUM . FOEDE-
RIS., nell'esergo MDCCIX .
Processione coll' immagine del Ssmo Salvato-
re del Laterano (7)

XVII

393 CLEMENS . XI . P . M . AN . X . , sotto HAMERA-
RANUS . F.
Effigie del Pontefice con camauro, stola, e
mozzetta .
IN . HONOREM . S . FABIANI . PP . ET . M ., sot-
to MDCCX .
La Cappella gentilizia della Famiglia Albani
dedicata a S. Fabiano Papa nella Basilica di
S. Sebastiano. (7)

XVIII

394 CLEMENS . XI . P . MAX . AN . XI , , sotto E .
HAMERAN .

Effigie del Pontefice con triregno, e piviale.
DOMINE . DEPRECABILIS . ESTO ., nell'esergo
MDCCXI .
Donna con croce tripla genuflessa sopra ar-
nesi militari rappresentante la Chiesa con due
putti, che reggono le insegne Pontificali . In
occasione della guerra per la successione di
Spagna, che ancora durava. (7)

XIX

395 CLEMENS . XI . P . M . AN . XII ., sotto B . H .
Effigie del Pontefice con camauro, stola, e
mozzetta.
TU . DOMINUS . ET . MAGISTER ., nell' esergo
EXEMPL . DEDI . VOBIS .
Nostro Signore lava i piedi a S. Pietro. (3)

XX

396 CLEMENS . XI . P . M . A . XII ., sotto E. HAME-
RANI .
Effigie del Pontefice con camauro, stola e moz-
zetta .
INTER . SANCTOS. SORS. ILLORUM . MDCCXII.
I quattro Santi canonizati dal Pontefice, e
sono S. Pio V., S. Andrea d'Avellino, S.
Felice da Cantalice, e S. Catterina di Bolo-
gna. (7)

XXI

397 CLEMENS . XI . P . M . AN . XIII ., sotto E . HA-
MERANI ,
Effigie del Pontefice con camauro, stola, e
mozzetta .
ECCLESIA . NOVISQ . AEDIBUS . AD . BALNEA .
NUCERINA . CONSTRUCTIS .
Al di sopra della iscrizione testa di Serafino. (7)

X 114 X

XXII

398 CLEMENS . XI. P .MAX . AN . XIII. , sotto E.
HAMERANUS .
Effigie del Pontefice con triregno , e piviale
ricamato con stemma del Pontefice.
IN . VIAM . PACIS. , nell' esergo MDCCXIII .
Mosè col Popolo Ebreo passa il mar rosso. Al-
lude alla Pace fra Principi Cristiani. (7)

XXIII

399 CLEMENS . XI . P. MAX. AN. XIV. , sotto HAME-
RANI .
Effigie del Pontefice con triregno , e piviale
ricamato , nel quale è la Chiesa , che calpe-
sta l' Eresia .
ECCLESIA . ET . DOMIBUS . AD . BALNEA . NU-
CERINA.CONSTRUCT., nell'esergo MDCCXIV.
Prospetto della Chiesa , e Fabriche ai Bagni
di Nocera erette dal Pontefice a commodo
pubblico . (7)

XXIV

400 Iscrizione , ed Effigie simile all'antecedente.
ARCHICON . SACR . STIGMATUM . F. F. in giro ;
nell' interno D. O. M. CLEMENS . XI . P. M.
PRIMARIUM . LAPIDEM . IMPOSUIT . DE.
MENSE . SEPTEMB . ANNO . SALUTIS .
MDCCXIV.
Medaglia gittata dal Pontefice nei fondamenti
della Chiesa delle Sacre Stimmate di S. Fran-
cesco . (7)

XXV

401 CLEMENS. XI. P. M. A. XV. ; sotto E. HA-
MERANI.

Effigie del Pontefice con camauro , mozzetta , e stola .

TEMPLO . S . CLEMENTIS . INSTAURATO
Prospetto della Chiesa , e Portici della Basilica di S. Clemente risarcita dal Pontefice . (6)

XXVI

402 CLEMENS . XI. PONT . MAX . , sotto HERMEN.
HAMERANUS . .
Effigie del Pontefice con camauro , stola , e
mozzetta,
CORPORE . S. LEONIS . MAGNI , TRANSLATO .
DIE . XI. APRILIS . MDCCXV. ·
Allude alla traslazione del Corpo di S. Leone
Magno dalle grotte Vaticane alla Cappella
che porta il suo nome scolpita dall' Algar-
di . (10)

XXVII

403 CLEMENS . XI . P . MAX . AN . XVI . , sotto HA-
MERANI .
Effigie del Pontefice con triregno , e piviale
ricamato , nel quale Attila incontrato da S.
Leone Magno , ed in aria S. Pietro , e S. Paolo,
che lo discacciano .
AUXILIUM . CHRISTIANORUM ·
La Beata Vergine del Rosario con Popolo nu-
meroso genuflesso ; in lontananza una flotta .
Allude alle pubbliche preci pel felice esito
degli armamenti fatti dai Principi Cristiani
contro Acmet III. (7)

XXVIII

404 CLEMENS. XI. PONT . M . AN . XVII , , sotto
E . HAMERANI .

8 *

Effigie del Pontefice con camauro, mozzetta, e stola.

VIRGO . POTENS . ORA . PRO . NOBIS .

La Beatissima Vergine col bambino secondo il mosaico di Maratta nel Cortile del Quirinale . (7)

XXIX

405 CLEMENS. XI . PONT . M . A . XVIII ., sotto HA-
MERANI .

Effigie del Pontefice con triregno, e piviale ricamato, nel quale S. Gioanni Evangelista entro la nicchia, come vedesi in S. Gioanni in Laterano .

SUPER . FUNDAMENTUM . APOSTOLOR . ET . PROPHET., nell'esergo CONSTANTINI . BA-
SILICA . STATUIS . ET . PICTUR . ORNATA .
La Chiesa radiata sedente con due Angeli, che reggono la Croce, le leggi, ed il Vangelo, indica con la destra la Basilica di S, Gioanni in Laterano. (7)

XXX

406 CLEMENS . XI . PONT . M . AN . XIX., sotto E . H.

Effigie del Pontefice con camauro, mozzetta, e stola.

VENTI . ET . MARE . OBEDIUNT . EI .

Nostro Signore con gli Apostoli nella nave. Il Venuti lo riferisce alla spedizione nella Cina di Monsig. Mezzabarba per la questione delle Cerimonie Cinesi. (7)

XXXI

407 CLEMENS . XI . PONT . M . AN . XX., sotto E.
HAMERANUS,

Effigie del Pontefice con triregno, e piviale ricamato, nel quale S. Pietro, e S. Paolo.
BONARUM . ARTIUM . CULTUI . ET . INCRE-MENTO; nell'esergo INSTIT . SCIENT . BO-NON.
Facciata del celebre Istituto di Bologna. (7)

XXXII

408   Iscrizione, ed Effigie simile al N. IV.
ANNO . SAL . MDCCXX . PONT . XX.
Gira attorno una corona di Olivo. (14)

INNOCENZO XIII

I

409 INNOCENT . XIII . PONT . MAX ., sotto HAME-RANI.
Effigie del Pontefice con triregno, e piviale, nel quale S. Michele Arcangelo.
MICHAEL . ANGEL . DE . COMITIBUS . ROMA-NUS . ELECTUS . DIE . VIII . CORONATUS. DIE . XVIII . MAII . MDCCXXI.
Medaglia distribuita in occasione del Possesso del Pontefice. (3)

II

410 INNOCENT . XIII . PONT . MAX ., sotto W.
Effigie del Pontefice con camauro, mozzetta, e stola ricamata, nella qnale la prudenza, e la giustizia.
RENOVABIS . FACIEM . TERRÆ ., nell' esergo MDCCXXI.
La Chiesa sopra le nubi con Edicola, e Cro-

ce retta da un' Angelo ; incontro S. Michele
calpesta l' idra , in alto lo Spirito Santo fra
raggj . (12)

III

411 INNOCENTIUS . XIII . PONT . MAX.
Effigie del Pontefice di prospetto con camauro , mozzetta , e stola ; ha la mano in atto
di benedire .
Iscrizione , e tipo eguale all'antecedente. (12)

IV

412 INNOCENT . XIII . P. M. A. I., sotto HAME-
RANI .
Effigie del Pontefice con camauro , mozzetta ,
e stola .
CONSTITUI . TE . PRINCIPEM .
S. Michele Arcangelo volante fra raggj con là
spada nella destra , e bilancia nella sinistra
calpesta il Demonio. (3)

V

413 INNOCEN . XIII . P. M. A. I. , sotto HAME-
RANI .
Effigie del Pontefice con triregno , e piviale ,
in cui è ricamata la cavalcata del possesso del
Papa .
RENOVABIS . FACIEM . TERRÆ . , nell' esergo
MDCCXXI.
S. Michele Arcangelo rivolto al S. Spirito con
spada , e scudo calpesta l' idra . Tutte le in-
dicate Medaglie alludono al nome del Pon-
tefice prima del Pontificato. (3)

VI

414 INNOCENT . XIII . P. M. A. II., sotto H.
Effigie del Pontefice con camauro, mozzetta,
e stola.
TU . DOMINUS . ET . MAGISTER ., nell' esergo
EXEMPL . DEDI . VOBIS.
Nostro Signore lava i piedi a S. Pietro. (3)

VII

415 INNOCENT. XIII . P . M . AN . II . , sotto H.
Effigie del Pontefice con triregno, e piviale
ricamato, nel quale la ßeata Vergine.
OMNIA . POSSUM . IN . EO . QUI . ME . CON-
FORT., nell'esergo MDCCXXII.
Figura della Fede con raggio celeste, che la
rischiara, ha nella destra il Globo; innanzi
una base col triregno, e le chiavi. (4)

VIII

416 INNOCENT. XIII . P . M . A . III . , sotto HAME-
RANUS .
Effigie del Pontefice con camauro, mozzetta,
e stola .
FRANCISCAN . COMITIIS . SUMMO . PONTIFI-
CE . PRÆSIDENTE . nell'esergo .
Il Sommo Pontefice sotto il Trono accompa-
gnato da Prelati assiste ai Comizii generali
de' Religio si Minori Osservanti . (4)

BENEDETTO XIII

I

417 BENEDICTUS . XIII . PONT . MAX . A. I. , sotto HAM.

Effigie del Pontefice con triregno , e piviale ricamato , nel quale lo stemma gentilizio.

DOMINUS . ILLUMINATIO . MEA. , nell'esergo ELECTUS . D . XXIX . MAII . CORONAT . D. IV . JUNII . MDCCXXIV.

Il Candelabro del Tempio di Gerusalemme irradiato dal S. Spirito . (3)

II

418 BENEDICT . XIII . PONT . M . A. I. , sotto H.

Effigie del Pontefice con camauro , stola , e mozzzetta .

QUID . VOLO . NISI . UT . ACCENDATUR .

S. Domenico in gloria con Angeli; v' è una parte del Globo , su cui il Cane con torcia accesa nella bocca. Medaglia distribuita nel Possesso , ed allusiva allo stemma dell'Ordine di S. Domenico . (3)

III.

419 Iscrizione , ed Effigie simile all' antecedente .

HAURIETIS . IN GAUDIO . DE FONTIBUS . SAL . , nell'esergo JUBILÆI . INDICT . 1724.

Figura della Fede con croce nella sinistra ha nella destra il Calice , che versa sul Globo . (3)

IV

420 BENEDICT . XIII . P . M . A . I . , sotto H.
Effigie del Pontefice con camauro , mozzetta
e stola.
DE . RORE . COELI .
La Rosa dello stemma della Famiglia Orsi-
ni . (1)

V

421 BENEDICTUS . XIII . P . M . AN . JUBIL . , sotto
HAMERANUS . F.
Effigie del Pontefice con triregno , e piviale
ricamato , nel quale la Processione per l'apertura della Porta Santa .
FLUENT . AD . EUM . OMNES . GENTES .
La Facciata della Basilica Vaticana : in basso
la Lupa coi gemmelli ; vola un'Angelo con
tromba nella destra , e nella sinistra una bandiera , ove leggesi : IN . SPLENDORE . STEL-
LARUM . (8)

VI

422 BENEDICT . XIII . P . M . AN . II . , sotto HA-
MERANI .
Effigie del Pontefice con triregno , e piviale
ricamato con S. Filippo Neri .
PER . ME . SI . QUIS . INTROIERIT . SALVA-
BITUR .
Porta Santa in mezzo alla quale immagine
del Redentore ; all' esterno diversi Pellegrini
genuflessi . (4)

VII

423 BENEDICTUS . XIII . PONT . MAX .
Effigie del Pontefice con camauro, stola, e
mozzetta.
CAR LO . MAGNO . ROMANÆ. ECCLESIÆ.
VINDICI ., nell' esergo ANNO . JUBILEI .
MDCCXXV.
La Statua Equestre di Carlo Magno eretta
nel Portico della Basilica Vaticana scolpita da
Agostino Cornacchini Fiorentino. (13)

VIII

424 BENEDICTUS . XIII . P . M . AN . JUBIL . , sotto
HAMERANUS . F.
Effigie del Pontefice con triregno, e piviale ri-
camato con una Processione per l' apertura
della Porta Santa.
ANNO . JUBILEI . MDCCXXV. in giro; nell' in-
terno: D. O. M. BENEDICTUS . XIII . PONT.
MAX . PRIMAR . LAPIDEM . IMPOSUIT . DE
MENSE . MARTII .
Medaglia posta dal Pontefice con la prima
pietra nei fondamenti dell' Ospedale di S. Gal-
licano : (8)

IX

425 BENEDICT . XIII . PONT . MAX ., sotto HAME-
RANI .
Effigie del Pontefice con triregno, e piviale
ricamato. con un Santo in gloria.
RESERAVIT . ET . CLAUSIT . ANN . JUB.
Il Pontefice assistito dal Clero chiude la Porta
Santa. (10)

X

426. BENEDICT . XIII . P . M . AN. III . , sotto HAME-
RANI . F.
Eifigie del Pontefice con camauro, stola, e
mozzetta.
BEATUS . QUI . INTELLIGIT . SUPER . EGE-
NUM . ET . PAUPEREM . nell'esergo.
Il Pontefice in trono fra la Corte Pontificia,
e le Guardie accoglie alcuni poveri. * (4)

XI

427   Iscrizione , ed Effigie simile all'antecedente.
EREXIT. IN. TITULUM., nell'esergo MDCCXXVI.
Giacobbe che unge la pietra , nella quale è
scritto GEN. 6. 28. Allude alle molte consa-
crazioni di Chiese, altari, vasi sacri conti-
nuamente fatte dal Pontefice. (5)

XII

428 BENED . XIII . P . M . A . IV.
Effigie del Pontefice con camauro, stola, e
mozzetta.
COR . NOSTRUM . DILATATUM . EST., nell'eser-
go S. MARIÆ . ET . S . GALLICANI . NOSO-
COMIUM . 1727.
Prospetto della Chiesa, ed Ospedale di S Gal-
licano . Numisma battuto dopo compiuto questo
Edificio. (5)

* Conio già riportato d' Innocenzo XII.

XIII

429 BENEDICTUS . XIII . P . M . A . V . , sotto HA-
MERANI .
Effigie del Pontefice con capo nudo, e piviale
ricamato con i SS. Apostoli Pietro , e Paolo.
ERGASTULUM . CENTUMCELLENSE. , nell'eser-
go MDCCXXVIII.
Veduta dell' Ergastolo presso Corneto . (6)

XIV

430 BENED . XIII . P . MAX . A . VI. , sotto HA-
MERANI .
Effigie del Pontefice con la mano in atto di
benedire , ha il camauro , mozzetta , e stola.
APOTHEOSIS . IN . LATERANO . , nell' esergo S.
JOAN . NEPOM . MDCCXXIX.
S. Gioanni Nepomuceno fra le nubi con An-
gelo , che lo corona , e palma nella destra .
In distanza si vede la Chiesa di S. Gio. in
Laterano . Per la canonizazione di questo
Santo . (7)

XV

431 BENEDICT . XIII . PONT . M . A . VII°. , sotto
HAMERANI .
Effigie del Pontefice con camauro , mozzetta,
e stola.
TU . DOMINUS . ET . MAGISTER . , nell'esergo
EXEMPL . DEDI . VOBIS .
Nostro Signore lava i piedi a S. Pietro . (3)

CLEMENTE XII

I

432 CLEMENS . XII . PONT . M .
' Effigie del Pontefice con camauro , mozzetta , e stola .
LAURENTII. CORSINI . FLORENTINI. , nell'eser-
go ELEC . XII . CORON . XIV . JULII . POSS.
XIX . NOV . MDCCXXX.
Calice , triregno, e chiavi ; in aria il S. Spi-
rito fra raggj . (4)

II

433   Iscrizione , ed Effigie simile all' antecedente.
RECTIS . CORDE . LAETITIA . , nell' esergo
MDCCXXX.
Figura della Giustizia tiene nella destra la
palma , nella sinistra ha la bilancia . (4)

III

434 CLEMENS . XII . PONT . M , , sotto HAME-
RANI .
Effigie del Pontefice con triregno , e piviale ,
nel quale ricamata la Beata Vergine .
IN . HONOREM . INFANTIS . JESU . , in giro ;
nell'interno : DIE . QUA . FUNDAMENTA .
JACTA . SUNT . TEMPLI . MDCCXXXI.
Allude alla Fabrica del Bambin Gesù all' Es-
quilino . (5)

IV

435 CLEMENS . XII . P . M . A . I.
Effigie del Pontefice con triregno , e piviale
ricamato a rabeschi .

PORTÆ . INFERI . NON . PRÆVALEB. , nell'esergo MDCCXXXI.
Figura stante della Chiesa con chiavi nella
destra , ed il Vangelo nella sinistra calpesta
un Drago . In distanza la facciata della Basilica Vaticana . (4)

V

436 CLEMENS . XII . PONT . MAX ., sotto 1732.
Effigie del Pontefice con camauro , mozzetta ,
e stola .
ANNO . SALUTIS . MDCCXXXII . PONT . SUI .
ANNO . II . in giro ; nel mezzo : PRIMO .
IMPOSITO . LAPIDE . XV . CAL . JUNI . SA-
CELLUM . IN . HONOREM . S. ANDREÆ .
CORSINI . IN . LATERAN . BASIL . CON-
STRUCTUM .
Allude alla erezione della Cappella Vaticana
in onore di S. Andrea Corsini con architet-
tura del Fiorentino Alessandro Galilei . (10)

VI

437 Iscrizione , ed Effigie eguale all' antecedente.
JUSTITIA . FIRMATUR . SOLIUM . ANNO . SA-
LUTIS . MDCCXXXII . PONT . ANNO . III .
L'Arma di Monsignor Trojano Acquaviva nel-
l' esergo allora Maggiordomo , poi Cardinale
di S. Chiesa . (10)

VII

438 CLEMENS . XII . PONT . M ., sotto OTTO .
Effigie del Pontefice con camauro , mozzetta ,
e stola .
ADJUTOR . IN . OPPORTUNIT ., nell' esergo
MDCCXXXII.

Prospetto di Ancona, e del suo Porto. Si riferisce alla esenzione del porto di Ancona dai dazj ordinata dal Pontefice. (5)

VIII

439 CLEMENS. XII. PONT. M. A. III., sotto HA-MERANUS.
Effigie del Pontefice con camauro, mozzetta, e stola.
TU. DOMINUS ET. MAGISTER., nell'esergo EXEMPL DEDI. VOBIS.
Nostro Signore lava i piedi a S. Pietro. (3)

IX

440 CLEMENS. XII. PONT. M. A. III.
Effigie del Pontefice con camauro, mozzetta, e stola.
OB. MEMOR. CHRISTIAN. SECURIT. REST., nell'esergo MDCCXXXIII. O. H.
L'Arco di Constantino risarcito dal Pontefice. (6)

X

441 CLEMENS. XII. PONT. MAX. AN. III., sotto OTTO. HAMERANI. F.
Effigie del Pontefice con triregno, e piviale ricamato con S. Andrea Corsini, e lo stemma del Pontefice.
ADORATE. DOMINUM. IN. ATRIO. SANCTO. EJUS., nell'esergo MDCCXXXIII., sotto ALEX. GALILEUS. ARCH. INV.
Prospetto della facciata di S. Gioanni in Laterano fabbricata col Portico dal Pontefice, sopra la quale è scritto: CLEM. XII. P. M. AN. III. CHRISTO. SALVATORI. ET. SS.

JOAN . BAPT . ET . EV . Avanti la facciata si
vede la Pianta del Portico con iscrizione :
LATERAN . BASIL . PORTICUS . Il tutto ar-
chitettato da Alessandro Galilei. (25)

XI

442   Iscrizione, ed Effigie eguale all'antecedente .
SACELLO . IN . LATERANEN . BASIL . S . AN-
DREÆ . CORSINIO . ÆDIFICATO. , nell'eser-
go A. S. CIƆIƆCCXXXIII. O. H. , sotto ALE-
XANDER . GALILEUS . INVENT .
Spaccato della Cappella Cursini in S. Gioan-
ni in Laterano . (25)

XII

443   Iscrizione, ed Effigie eguale all'antecedente.
PUBLICÆ . INCOLUMITATIS . PRÆSIDIO. , nell'
esergo DORICÆ . URBIS . LOEMOCOMIUM.
1734., sotto L . VANVINTEL . ARCH . IN-
VEN. , nella cornice O. H.
Il Lazzaretto di Ancona fatto edificare dal
Pontefice secondo il disegno dell'Architetto
Vanvitelli . (25)

XIII

444 CLEM . XII . PONT . M . AN . IV . , sotto HA-
MERANI . F.
Effigie del Pontefice con camauro, mozzetta,
e stola .
MULTIPLICASTI . MAGNIFICENTIAM. , nell'eser-
go VETERIBUS . SIGNIS . IN . CAPITOLIO .
ERECTIS.
Roma sedente sopra il Globo, nel quale 1734.,
e sotto la Lupa coi gemmelli, ha il para-
zonio nella sinistra, e nella destra un Genio

con corona, che versa monete dal Cornucopio. Allude alla fondazione del Museo Capitolino. (7)

XIV

445   Iscrizione, ed Effigie eguale al N. I.
   EX . CONLATICIA . PROBATAQ . MONETA . ,
   nell'esergo PUBLICÆ . FIDEI . MONIMENT.
   Padiglione con chiavi fra le quali 1735. Epi-
   grafe equivalente all'altre : ASSAGIUM. GENE-
   RALE. , già più volte riportate. (5)

XV

446 CLEMENS. XII . P . M . A . V.
   Effigie del Pontefice con camauro, mozzetta,
   e stola.
   SECURITAS . POPULI . RAVENN . , nell' esergo
   MDCCXXXV.
   Figura giacente che rappresenta Ravenna ras-
   sicurata dalle inondazioni dei due fiumi indicati dai due Vasi, che versano acque, sopra uno de' quali è scritto : MONTO . , sopra
   l'altro : RONCUS . , cioè Montone, e Ronco
   fiumi che bagnano Ravenna. (7)

XVI

447   Iscrizione, ed Effigie simile all'antecedente.
   FONTE . AQUÆ . VIRGINIS . ORNATO . , nell'
   esergo MDCCXXXVI. O . H . , e nel mezzo
   la Lupa coi gemmelli.
   Prospetto della Gran Fontana dell'Acqua Vergine detta di Trevi architettata da Niccolò Sal-
   vi Romano. (8)

XVII

448 CLEMENS . XII . P . M . A . VI.
Effigie del Pontefice con triregno , e piviale
ricamato .
SACERDOS . MAGNUS . IN . DIEBUS . SUIS .
CORROBORAVIT . TEMPUM . ECCL . 5o.
MDCCXXXVI.
Medaglia battuta nel fare i Fondamenti della
nuova Chiesa del Santissimo Nome di Maria
nel Foro Trajano. (8)

XVIII

449 Iscrizione, ed Effigie eguale all'antecedènte.
ADMINISTRORUM . COMODO . ET . EQUITUM.
STATIONIBUS . , nell'esergo MDCCXXXVII. ,
e lateralmente O. H.
Prospetto del Palazzo della Consulta archi-
tettato dal Cav. Ferdinando Fuga a commodo della Segreteria de' Brevi , e delle Guardie Pontificie . (8)

XIX

45o CLEMENS . XII . P . M . A . VII.
Effigie del Pontefice con camauro , mozzetta ,
e stola .
ILLOS . ET . GLORIFICAVIT , , nell' esergo
MDCCXXXVIII. O. H.
La canonizazione di S. Vincenzo di Paola ,
S. Francesco Regis , S. Catterina di Genova ,
e S. Giuliana Falconieri fatta dal Pontefice
nella Basilica Lateranense . (8)

XX

451 CLEMENS . XII . PONT . MAX . A . IX.
Effigie del Pontefice con camauro, mozzetta,
e stola .
PIA . DOMO . SERVATA ,
Il Pontefice accoglie varie donne con fanciul-
li ; v' è in aria lo Spirito Santo fra raggj . Si
riferisce ai beneficj, ed alle ampliazioni dal
Pontefice fatte all' Ospedale, ed alla Casa di
S. Spirito . (8)

BENEDETTO XIV

I

452 BENEDICTUS . XIV. PONT, MAX . , sotto HAME-
RANI .
Effigie del Pontefice con camauro, stola , e
mozzetta .
JUDICABIT . IN . ÆQUITATE . , nell' esergo
MDCCXL., e la Lupa coi gemmelli .
Figura della Chiesa con triregno , e bilancia
nella destra, ha nella sinistra una doppia
croce con monogramma di Cristo, e calpesta
il Serpente . Esprime le rare qualità , che
adornavano questo Pontefice, e principalmente
la sua perizia nelle Leggi , e nelle materie
Ecclesiastiche . (8)

II

453 Iscrizione , ed Effigie simile all'antecedente.
TEMPLUM . CORROBORAVIT . ET . ATRIUM,

9 *

EREXIT . BENED . PP . XIV . AN . MDCCXLL
PONT. I.
Allude al ristauro, ed al nuovo Portico *della*
Basilica Liberiana . (8)

III

454 BENED . XIV . PONT . MAX . A . I.
Effigie del Pontefice con camauro, mozzetta,
e stola.
BASIL . LIBER . PORTIC . REST.
Facciata di S. Maria Magglore nuovamente
fatta erigere dal Pontefice con architettura del
Cav. Ferdinando Fuga . (5)

IV

455   Iscrizione, ed Effigie eguale all' antecedente.
UT . MECUM . SIT . ET . MECUM . LABORET .,
nell'esergo MDCCXLI.
Figura della Provvidenza celeste con timone
nella destra, e la manca sopra il Globo . In
alto l'Occhio Divino circondato da raggj . (5)

V

456 BENEDICT . XIV . P . M . AN . II.
Effigie del Pontefice con camauro, mozzetta,
e stola.
VECTIGALIBUS. REMISSIS., nell'esergo AD. CEN-
TUMCELL . 1742.
Figura dell' Abbondanza con cornucopio, ha
d' intorno bastimenti, e merci : in distanza si
vede il mare . Il Pontefice rese il Porto fran-
co a Civitavecchia, come lo aveva già otte-
nuto da Innocenzo XII. (5)

VI

457 BENED . XIV . PONT . M . A . III.
Effigie del Pontefice con camauro , mozzetta ,
e stola .
MEMORIÆ . M . CLEM . BRIT . REGINÆ .
Il sepolcro di Maria Clementina Sobieski mo-
glie di Giacomo III. eretto nella Basilica Vaticana con architettura di Nicolò Barrigioni ,
e scultura di Pietro Bracci . (6)

VII

458 BENED . XIV . PONT . MAX . A . III.
Effigie del Pontefice eguale all'antecedente .
EX . PROBATÆ . MONETÆ . SEGMENTIS . ,
nell'esergo FIDES . PUBLICA . 1742.
Padiglione , e chiavi . Anche questa Epigrafe
equivale all'altre: ASSAGIUM. GENERALE . (5)

VIII

459 BENEDICT . XIV . PONT . M . A . IV ., sotto O.
HAMERANI .
Effigie del Pontefice eguale all'antecedente .
TRICLINII . LEONIANI . PARIETINIS . RESTI-
TUTIS .
L'Apside del Triclinio Leoniano collocato in-
nanzi la Basilica Lateranense . (7)

IX

460 BENEDIC . XIV . PON . M . A. V. , sotto OT. HA-
MERANI .
Effigie del Pontefice con triregno , e piviale
ricamato con molte figure .
VIRTUTI . TROPHÆA . NOVA . NON . DEGE-

NER. ADDAM., nell'esergo: ADDITO. IN.
CAPITOLIO. SAPIENTIÆ. PABULO. 1745.
Pallade con asta nella destra, la squadra, e
la scalpello nella manca ha busti d'intorno :
in distanza veduta de' Palazzi Capitolini. Si
riferisce alle statue, ed alle scuole di Disegno accresciute al Campidoglio. (8)

X

461 BENED. XIV. LAMBERTINUS. BONON. P. M.
A. VI., sotto O. H.
Effigie del Pontefice con camauro, stola, e
mozzetta.
UNIVIT. PALMAMQUE. DEDIT., nell'esergo
III. KAL. JUL. AN. SAL. CIƆIƆCCXLVI.
I cinque Santi canonizati dal Pontefice, e so-
no S. Fedele da Simaringa, S. Giuseppe da
Leonessa, S. Camillo de' Lellis, S. Pietro Re-
galada, e S. Catterina de' Ricci. (9)

XI

462 Iscrizione, ed Effigie eguale all'antecedente.
PIA. DOMO. SERVATA.
Il Pontefice in mezzo ai Poveri con fanciulli.
Allude al nuovo Braccio, ed ai beneficj com-
partiti dal Pontefice all' Ospedale di S. Spi-
rito. (9)

XII

463 BENED. XIV. PONT. M. A. VII., sotto HA-
MERANI.
Effigie del Pontefice con camauro, stola, e
mozzetta.
CURA. RERUM PUBLICARUM., nell'esergo AD.
CENTUMCELLAS. PROFECTIO..

Il Pontefice in lettiga fra le Guardie si porta a Civitavecchia. (9)

XIII

464 BENED . XIV . PONT . M . A . VIII.
    Effigie del Pontefice con camauro, stola, e mozzetta .
EGO . JUSTITIAS . JUDICABO . , nell' esergo SI-GNATURA . GRATIÆ . RESTITUTA .
La Sapienza Pontificia con scettro, e libro ha il triregno sul capo : è assistita da un'Angelo con bilancia, e cornucopio, e rischiarata da un raggio celeste. Allude alle saggie disposizioni prese dal Pontefice riguardo il Tribunale di Segnatura. (9).

XIV

465 BENED . XIV . PONT . M . A . VIII .
    Effigie del Pontefice con camauro, stola, e mozzetta .
EX . COLLECTIS . FRAGMENTIS . MDCCXLVII.
Padiglione, e chiavi. Equivale all'altre coll'Epigrafe : ASSAGIUM . GENERALE . (5)

XV

466 BENED . XIV . PONT . MAX . A . IX . , sotto O . HAMERANI.
    Effigie del Pontefice eguale all'antecedente.
AMPLIORI . BONAR . ARTIUM . INCREMENTO . , nell' esergo CAPITOLIO . PICTURIS . DE-CORATO .
Il Genio delle Arti ha la Fama con tromba, e corona nella destra, nella sinistra il cornucopio. Si vede la Galleria di Pittura eretta dai fondamenti sul Campidoglio dal Pontefice. (9)

XVI

467 BENED . XIV . PONT . MAX . A . JUB . , sotto HA-
MER ANI .
Effigie del Pontefice con triregno , e piviale ri-
camato à rabeschi.
FLUENT . AD . EUM . OMNES . GENTES .
La Puhlicazione del Giubileo. Si vede la Fac-
ciata di S. Pietro , innanzi alla quale v' è la
lupa coi gemmelli ; in aria l'Angelo con trom-
ba , e bandiera , nella quale · è scritto : IN .
SPLENDORE . STELLARUM . * (9)

XVII

468 BENED . XIV . PONT . M . AN . X . JUB . , sotto
O . HAMERANI .
Effigie del Pontefice con camauro , mozzetta ,
e stola.
MDCCL . nell'esergo.
Il Pontefice assistito dal Clero apre la Por-
ta Santa. (9)

XVIII

469 BENEDIC . XIV . P . M . A . JUB . , sotto HAME-
RANI.
Effigie del Pontefice con triregno , e piviale
ricamato a rab schi. .
INTROITE . PORTAS . EJUS . , sotto HAMERA-
NUS . F .
Processione , che entra la Porta Santa già
aperta dal Pontefice. (b)

---

* Il Pontefice in tal circostanza adottò il Conio già riportato di Clemente X.

XIX

470   Iscrizione, ed Effigie eguale al N. XVII.
ET . CLAUSIT ., nell' esergo MDCCL.
Il Pontefice colle consuete ceremonie chiude
la Porta Santa. (9)

XX

471   Iscrizione, ed Effigie eguale al N. XVII.
AN . MDCCL . FRANCIS . COMIT . PRÆS . nell'
esergo
Il Pontefice assiste al Capitolo Generale de'
Francescani. (9)

XXI

472 BENED . XIV . PONT . MAX . AN . XI., sotto HA-
MERANI .
Effigie del Pontefice con camauro, stola, e
mozzetta .
EGO . JUSTITIAS JUDICABO ., nell' esergo SI-
GNATURA . GRATIÆ . RESTITUTA .
Figura sedente della Giustizia Pontificia con
triregno, e scettro nella destra, ha il libro
nella sinistra. Allato un Genio con bilancia,
e cornucopio. (9)

XXII

473 BENED . XIV . PONT . MAX . AN . XII ., sotto O .
HAMERANI .
Effigie del Pontefice eguale all' antecedente.
SECURITAS . PUBLICA ., nell' esergo MOENIA .
URBIS . RESTAURATA .
• Figura della Sicurezza sedente appoggiata a

colonna , ov' è scritto : 1752 ; innanzi veggonsi le mura di Roma , e sotto v'·è la lupa coi
gemmelli. (9)

XXIII

474 BENED . XIV .PONT . MAX.. AN .. XIII ., sotto
O . HAMER\NI .
Effigie del Pontefice eguale all' antecedente.
CONCORDIA . MUTUA . , nell'esergo TERMINIS.
AD . PADUM . CONSTITUTIS .
La Chiesa con .bilancia dà la. mano alla Republica Veneta, che ha il Beretto Ducale sul
capo , e ramo di Olivo nella sinistra. Allato
della prima evvi un' Angelo con chiavi appoggiato allo stemma Pontificio ; accanto della
seconda vedesi il Lione alato di S. Marco po-
sato sul libro. Nel mezzo v'è un termine bicipite. Allude alla vertenze tolte fra la S. Sede , e la Republica di Venezia sui confini de'
rispettivi Stati, che vennero stabiliti presso
il Pò. (9)

XXIV

475 BENED . XIV . PONT .MAX . A . XIV ., sotto O .
HAMERANI .
Effigie del Pontefice eguale all'antecedente.
NOVO . ECCLESIARUM. FOEDERE., nell'esergo
TRANQUILLITAS . RESTITUTA .
Due Vescovi con gli abiti Pontificali , e dop-
pia croce si congiungono in concordia. Si ri-
porta alla celebre quistione sul Patriarcato di
Aquileja , a cui pose fine il Pontefice con sop-
primere il Patriarcato medesimo, ed erigere in
vece i due Arcivescovati di Udine , e di Go-
rizia. (9)

XXV

476 BENED . XIV . PONT . M . A. XIIII . , sotto O. H.
Effigie del Pontefice eguale all'antecedente.
TU . DOMINUS . ET . MAGISTER . , nell' esergo
EXEMPL . DEDI. VOBIS .
Nostro Signore lava i piedi a S. Pietro. (3)

XXVI

477 BENED. XIV . PONT . MAX. A. XV., sotto O. HA-
MERANI .
Effigie del Pontefice eguale all'antecedente.
VOTA . PUBLICA . , nell' esergo RELIGIONE .
AUSPICE . A . MDCCLV.
Il Pontefice assiso nel Trono a destra ha una
Figura con croce, ed appresso un Cavallo
sfrenato, a sinistra un Guerriero armato con
elmo, asta, e la croce sul petto: in lontananza v'è
una flotta. Allude al Concordato fatto dal Ponte-
fice col Re di Napoli. (9)

XXVII

478 BENED . XIV . PONT . M . A . XVI ., sotto O . H.
Effigie del Pontefice eguale all'antecedente
PROVIDENTIA . PONTIFICIS . , nell' esergo EX.
PROBATA . MONETA . A . MDCCLV.
Veggansi le altre con simile Epigrafe. (5)

XXVIII

479 BENED . XIV PONT . MAX . A . XVI . , sotto O .
HAMERANI .
Effigie del Pontefice eguale all' antecedente.
AUCTO . TERRA . MARIQUE . COMMERCIO . ,
nell' esergo. A . MDCCLVI .
L' Abbondanza della Terra versa il suo cor-

nucopio. Nettuno sul carro tratto dai **Cavalli Marini** col tridente nella destra in mezzo *al* mare felicita la navigazione de' **Vascelli. (8)**

XXIX

480 BENED . XIV . PONT . MAX . A . XVII., sotto O. HAMERANI .
Effigie del Pontefice eguale all' antecedente.
PANTHEI . DECORE . RESTITUTO . ET . AUCTO., sotto AN . MDCCLVII .
L' interno della Rotonda risarcito dal Pontefice con direzione dell' Architetto Posi. (9)

XXX

481 BENED . XIV . PONT . M . A . XVIII . , sotto O. H.
Effigie del Pontefice eguale all' antecedente.
TU . DOMINUS . ET . MAGISTER . , nell' esergo EXEMPL . DEDI . VOBIS .
Nostro Signore lava i piedi a S. Pietro. (3)

XXXI

482 BENED . XIV . PONT . M . A . XVIIII., sotto O. H.
Effigie del Pontefice , eguale all' anteoedente.
FRUCTUM . SUUM . DEDIT . IN . TEMPORE .
Croce adorata da due Angeli genuflessi sopra sopra nubi. (4)

XXXII

483 SEDE . VACANTE . MDCCLVIII . , sotto HAMER .
Le teste degli Apostoli S. Pietro , e S. Paolo coi nimbi.
SPIRITU . ORIS . EJUS .
Lo Spirito Santo volante fra raggj. Veggasi l' ultima Medaglia sotto Alessandro VIII. (4)

CLEMENTE XIII

I

484 CLEM . XIII . P . M . AN . I , sotto O, H.
Effigie del Pontefice con camauro , mozzetta,
e stola.
ORIETUR . IN . DIEBUS . EJUS . , nell' esergo
MDCCLVIII.
Figura stante della Giustizia con bilancia , e
cornucopio . (4)

II

485 CLEM . XIII P . M . AN . I . , sotto O. H.
Effigie del Pontefice eguale all'antecedente ,
DEDIT . PAUPERIBUS . , nell'esergo MDCCLIX.
Figura stante della Carità , che versa moneto
dal cornucopio ; in aria Occhio Celeste fra
raggj . (4)

III

486 CLEMENS . XIII . PONT . M . A . II . , sotto O. H.
Effigie del Pontefice eguale all'antecedente.
UT . COMEDANT PAUPERES . POPULI . , nell'
esergo MDCCLX.
Prospetto dei Granari di Termini ; innanzi
Poveri soccorsi con pane. (5)

IV

487 CLEMENS . XIII . P . M . A . III . , sotto 1761.
Effigie del Pontefice con triregno , e piviale,
MERCIUM . IMPORTANDARUM . COMMODI-
TATI .
Porto di Civitavecchia con nuove fabbriche ,
e galere . (6)

V

488 Iscrizione, ed Effigie simile all'antecedente.
GREGORIO . BARBADICO . S. R. E. CARDINA-
·LI . E . EPISC . PATAVINO . IN·. ALBUM\
BEATOR . RELATO .
In una corona di Olivo . (6)

VI

489 CLEMENS . XIII . PONT . M . A . IV ., sotto
MDCCLXII . O. H.
Effigie del Pontefice con camauro, stola, e
mozzetta .
ADVENTUS . PONTIFICIS . CENTUMCELL.
Il Papa giunge in Civitavecchia, ove nel ma-
re veggonsi le navi Pontificie . (7)

VII

490 CLEMENS . XIII . PONT . MAX . , sotto F . CRO-
PANESE . F.
Effigie del Pontefice eguale all'antecedente.
PRIMITIÆ , EX . NOVIS . FODINIS , PROPE .
POLINUM . UMBRIÆ . OPPIDUM , AN . 1762.
In corona di Olivo. Si riferisce alle primizie del
metallo trovato in quell'anno nelle Miniere pres-
so Polino Castello dell'Umbria. (7)

VIII

491 CLEMENS . XIII . PONT . M . A . V ., sotto HA-
MERANI .
Effigie del Pontefice con triregno, e piviale.
NAVIGATIONE . TYBERIS · RESTITUTA . , nell'
esergo 1763.
Il fiume Tevere accanto alla Lupa coi gem-
melli versa l'acqua dall'urna, e vedesi l'al-

veo del medesimo in prospettiva. Allude all'
espurgazione del Tevere. (8)

IX.

492 CLEMENS . XIII . PONT . M . A . VÌ ., sotto
HAM.
Effigie del Pontefice con camauro, mozzetta,
e stola.
. CENTUMCELLIS . AMPLIATA . CIVITAS ., nell'
esergo MDCCLXIV.
Prospetto della Fortezza, e Città di Civita-
vecchia. (8)

X

493 CLEMENS . XIII . PONT . M . A . VII ., sotto
HAMERANI.
Effigie del Pontefice con triregno, e piviale
rabescato.
CURA . PRINCIPIS . AUCTO . MUSÆO . CAPITO-
LINO ., nell'esergo CELEBERRIMIS . ADRIA-
NÆ . VILLÆ . ORNAMENTIS .
I due Centauri in marmo nero con greca iscri-
zione scavati alla Villa Adriana da Monsignor
Alessandro Furietti, e collocati dal Pontefice
nel Campidoglio. (6)

XI

494 CLEMENS . XIII . PONT . M . A . VIII.
Effigie del Pontefice con camauro, stola,
e mozzetta.
REPENTE . DE . COELO . SALUS ., nell'esergo
EX . PROBATA . MONETA , AN . MDCCLXV.
La Chiesa con croce è rischiarata da un rag-
gio celeste: innanzi ha un'ara con turibolo
acceso. (5)

XII

495 CLEMENS . XIII . PONT . M . A . VIII. , sotto
MDCCLXVI.
Effigie del Pontefice eguale all'antecedente .
PALATIUM . QUIRINALE . NOVO . LATERE .
AMPLIFICAT .
La Fabbrica per la Famiglia Pontificia del
Quirinale eretta dal Pontefice presso la Da-
teria . (8)

XIII

496 CLEM . XIII . P . M . A . VIII.
Effigie del Pontefice eguale all'antecedente .
TU . DOMINUS . ET . MAGISTER . , nell' esergo
EXEMPL . DEDI . VOBIS .
Nostro Signore lava i piedi a S. Pietro . (3)

XIV

497 CLEMENS . XIII . PONT . M . A . IX.
Effigie del Pontefice eguale all'antecedente.
PATIENS . EST . BENIGNA . EST . , nell'esergo
AN . MDCCLXVII.
Figura della Carità sedente cou tre fanciul-
li . (8)

XV

498 CLEMENS . XIII . PONT . M . A . X.
Effigie del Pontefice eguale all' antecedente.
DECOR . EJUS . GLORIA . SANCTORUM . , nell'
esergo AN . MDCCLXVIII. .
Canonizazione di sei Santi , cioè S. Gioanni
Canzio , S. Giuseppe Calasanzio , S. Girolamo
Emiliani , S. Giuseppe da Copertino , S. Sera-

no d'Ascoli , e S. Giovanna Francesca di Chan-
tal . (8)

XVI

499 CLEMENS . XIII . PONT . MAX . , sotto F. CRO-
    PANESE .
    Effigie del Pontefice eguale all'antecedente .
    LIBERALITAS . REDUX . , sotto CONG. P. D.
    Figura della Liberalità , che versa un cornu-
    copio , ed altro ne ha ai piedi . (10)

CLEMENTE XIV

I

500 CLEMENS . XIV . PONT . M. A . I .
    Effigie del Pontefice con camauro , mozzetta ,
    e stola.
    DEDIT . GLORIAM . IN . LOCO . ISTO . , nell'
    esergo AN . MDCCLXIX.
    Facciata della Basilica de' Ss. Dodici Apostoli.
    Si allude all' Ordine de' Minori Conventuali ,
    a cui apparteneva il Pontefice , (4)

II

501 Iscrizione , ed Effigie simile all' antecedente.
    ELEVAT . PAUPERES , , nell' esergo VECTIGA-
    LIA . REMISSA . MDCCLXIX.
    Figura sedente con fanciullo al seno e due
    altri d'intorno, uno coi frutti della terra , e
    l'altro colle merci del mare. (4)

III

502 CLEMENS . XIV . GANGANELLUS . VADEN .
PONT . M . , sotto F. CROPANESI . F.
Effigie del Pontefice con camauro , stola , e
mozzetta.
FACTUS . EST . PRINCIPATUS . SUPER . HUME-
RUM . EJUS .
Nostro Signore porta la Croce al Calva-
rio . (15)

IV

503 CLEMENS . XIV . PONT . M . A . II.
Effigie del Pontefice eguale all'antecedente .
TU . DOMINUS . ET . MAGISTER . , nell' esergo
EXEMPL . DEDI . VOBIS .
Nostro Signore lava i piedi a S. Pietro . (5)

V

504   Iscrizione , ed Effigie simile all'antecedente.
REFULSIT . SOL . , nell' esergo CONCORDIA .
AN . MDCCLXX.
La concordia tra la Chiesa , ed il Portogallo .
In lontananza apparisce il Sole , ed in terra
vi sono la Discordia calpestata , e diverse Ar-
mi . (5)

VI

505 CLEMENS . XIV . PONT . M . A . III . , sotto F.
CROPANESE .
Effigie del Pontefice con triregno , e piviale
ricamato a rabeschi .
LIBERALITATE . SUA . , nell' esergo NOVUM .
VATICANI . DECUS . 1771.

La Liberalità Pontificia versa dal cornucopio
danari, e addita il nuovo Museo Clementino
al Vaticano. Vi sono i candelabri Barberini,
e varii altri antichi monumenti acquistati dal
Pontefice. (6)

VII

506 CLEMENS . XIV . PONT . M . A . IV ., sotto F.
CROPANESE .
Effigie del Pontefice eguale all'antecedente.
DEUS . NOVA . FOEDERA . SANCIT ., nell' esergo HISPAN . INFANS . A . S . FONTE . SU-
SCEPTUS . 1772.
Il Battesimo dell' Infante di Spagna rischia-
rato da luce celeste. La Spagna coronata,
che tiene il fanciullo, ha le Colonne di Ercole, e lo stemma del Regno, che la distin-
guono. La Chiesa ha gli abiti Pontificali in-
dosso con doppia croce nella sinistra : v' è la
figura della Purità sul Fonte Battesimale. (7)

VIII

507 CLEMENS . XIV . PONT . M . A . V ., sotto CRO-
PANESE .
Effigie del Pontefice con camauro, mozzetta,
e, stola.
ARTIBUS . RESTITUTIS .
Le tre Arti liberali si danno la mano. Il
disegno di questa Medaglia è del Cavaliere
Mengs . (8)

IX

508 CLEMENS . XIV . PONT . M . A . VI ., sotto CRO-
PANESE . INC.
Effigie del Pontefice eguale all'antecedente.

10 *

FRUCTUM . ATTULIT . IN . PATIENTIA . ; nell'
esergo AN . MDCCLXXIV.
Arbore di Palma. (8)

〜〜〜

P I O   VI

I

509 PIUS . VI . PONT . MAX . AN . I.
Effigie del Pontefice con mozzetta , e stola .
DIVIS . AUSPICIIS . , nell' esergo ANNO . JUBI-
LÆI . 1775.
S. Pietro , S. Andrea , e S. Pio V. eletti dal
Pontefice in suoi protettori . (4)

II

510   Iscrizione , ed Effigie simile all' antecedente .
MDCCLXXV. nell' esergo .
Il Pontefice assistito dal S. Collegio , e dal
Clero in abiti Pontificali apre la Porta San-
ta . (5)

III

511 PIUS . VI . PONT . MAX . AN . I.
Effigie del Pontefice con mozzetta , e stola .
ET . CLAUSIT . 1775.nell' esergo .
Il sommo Pontefice con le consuete cerimo-
nie chiude la Porta Santa . (9)

IV

512 PIUS . VI . PONT . M . AN . II.
Effigie del Pontefice con triregno , e piviale
ricamato con la Santissima Concezione .

UT . VOTA . PUBLICA . IMPLERET . NOVI . SA-
CRARII . VATICANI . FUNDAMENTA . JECIT.
DIE . XXII. SEPTEMBRIS . MDCCLXXVI. (6)

V

513   Iscrizione, ed Effigie simile all' antecedente.
TUETUR . ET . ORNAT . , nell'esergo CENTUM-
CELLIS . MDCCLXXVI.
Il Gran Quartiere di Civitavecchia . (6)

VI

514 PIUS . SEXTUS . PONT . MAX . A . III.
Effigie del Pontefice con mozzetta, e stola.
OPPIDANIS . SERVATIS., nell'esergo OPP . S.
LAUR . IN . SAL . LOCUM . TRANSL . 1777.
Pianta di S. Lorenzo nuovo alle Grotte, fabbricato
in luogo più salubre con le mura intorno
alla Chiesa del Castello . (7)

VII

515 PIUS . SEXTUS . PONT . MAX . AN . IV.
Effigie del Pontefice eguale all'antecedente,
PORTORIIS . SUBLATIS ., nell' esergo
MDCCLXXVIII.
La Libertà, che rompe le catene de' Pe-
daggi . (8)

VIII

516 PIUS . SEXTUS . PONT . MAX . AN . V.
Effigie del Pontefice eguale all'antecedente.
PUELLARUM . PIARUM . PARTHENON ., nell'
esergo MDCCLXXIX.
Prospetto del Conservatorio Pio sotto S. Pie-
tro in Montorio . (8)

IX

5,7 PIUS . SEXTUS . PONTIFEX . MAXIMUS .
Effigie del Pontefice con mozzetta , e stola ,
ha la mano in atto di benedire.
PIUS . VI . P. M. ARCEM . IN . FORO . GALLO-
RUM . AB . URBANO . VIII . EXTRUCTAM .
AD . ECCLICI. IMPERII . PROPUGNACULUM.
UNIVERSAM . INSTAURAVIT . AN. . A . VIR-
GINIS . PARTU . CIƆIƆCCLXXVIIII.
Fu battuta la Medaglia pel risarcimento del
Forte Urbano . (13)

X

5,8 PIUS . SEXTUS . PONT . MAX . A . VI.
Effigie del Pontefice con mozzetta , e stola .
OFFICINÆ . PISTORIÆ. CENTUMCELLARUM .,
nell'esergo MDCCLXXX.
I forni fabbricati in Civitavecchia . (8)

XI

5,9 PROVIDENTIA , PII . VI . PONT . MAX.
Effigie del Pontefice eguale all'antecedente .
PUERIS . FULGINATIUM . ALENDIS . ET . CO-
ERCENDIS ., nell'esergo MDCCXXXI.
Prospetto dell' Ospizio de' Fanciulli in Fuli-
gno . (9)

XII

520 Iscrizione , ed Effigie simile al N. IX.
FACTUS . EST . PRINCIPATUS . SUPER . HUME-
RUM . EJUS .
Nostro Signore sale il Calvario con la croce
sulle spalle. (13)

XIII

521 PIUS . SEXTUS . PONT . MAX. A. VIII .
Effigie del Pontefice con mozzetta , e stola.
SACRA . SOLEM . FESTO . DIE . S . PII . V . AU-
GUSTÆ . VINDELIC . ACTA . , nell' esergo
PIUS . VI . P . M . PRÆSENTIA . SUA . AUXIT.
MDCCLXXXII .
S. Pio V. in atto di benedire sopra l' Altare.
Il Pontefice nel suo viaggio in Germania assiste
alla Messa Solenne in Augusta. (8)

XIV

522   Iscrizione , ed Effigie eguale al N. IX.
OBELISCUM . RUINIS . MAUSOLEI . AUGUSTA-
LIS . A . TOT . SÆCULIS . OBRUTUM . EF-
FODI . INSTAURARI . ORNARI . ET . EQUIS .
AD . LAXANDUM . FRONTIS . SPATIUM . IN .
OBLIQUUM . VERSIS . ERIGI . JUSSIT . AN-
NO . MDCCLXXXIII . PONTIF . IX .
Medaglia coniata per l' estrazione dell' Obeli-
sco dal Mausoleo di Augusto, eretto dipoi incontro
al Palazzo Quirinale fra i due Colossi , e Ca-
valli rivoltati dall' Architetto Antinori. (13)

XV

523 PIUS . SEXTUS . PONT . MAX . AN . IX .
Effigie del Pontefice con mozzetta , e stola.
SACRARIUM . BASIL . VATICANÆ . FUNDAMEN-
TIS . EXTRUCTUM . AN . MDCCLXXXIII .
Prospetto della nuova Sagrestia Vaticana. (9)

XVI

524 PIUS . SEXTUS . PONT . MAX . A . X .
Effigie del Pontefice eguale all' antecedente,

LAURENTIUS . A . BRUNDUSIO . JOANNA . BO-
NOMIA . M . ANNA . A . JESU ., nell' esergo
BEATORUM . NUMERO . ADDITI .
I tre nuovi Beati sopra nuvole. (9)

XVII

525 PIUS . SEXTUS . PONT . MAX . A . XI .
Effigie del Pontefice eguale all' antecedente.
PUERIS . ET . PUELL . ALIMENTARIS . TIFER-
NAT. TIBERINOR.nell'esergo A.CICICCXXCV
L' Ospedale de' fanciulli , e fanciulle nella
Città di Castello. (10)

XVIII

526 PIUS . SEXTUS . PONT . MAX . A . XII .
Effigie del Pontefice eguale all' antecedente.
MORIB . CASTIGAND . JUVANDIS . ARTIB. TRE-
JENSES ., nell' esergo EX . AUCTORIT. O. P.
Facciata delle Carceri , ed Accademia di Tre-
ja. (9)

XIX

527   Iscrizione, ed Effigie simile al N. XI.
GYNECÆUM . PUPILLARUM . FABRIANI . EXCI-
TATUM ., nell'esergo AN . MDCCLXXXVII.
Facciata del Conservatorio di Fabriano. (9)

XX

528 PIUS . SEXTUS . PONT . MAX . A . XIII .
Effigie del Pontefice con mozzetta , e stola.
TU . DOMINUS . ET . MAGISTER ., nell' esergo
EXEMPLUM . DEDI . VOBIS .
Nostro Signore lava i piedi a S. Pietro. (4)

XXI

529 PIUS . SEXTUS. P. M . A . SACR. PRINCIP. XIV.,
sotto G . HAM . F .
Effigie del Pontefice eguale all' antecedente.
VIA . ALBAN . VELIT . A . P . AD . POMPT . RE-
STIT ., nell' esergo AN . MDCCLXXXVIII.
La via Appia giacente appoggiata con la si-
nistra ad una rota, versa con la destra da-
naro dal cornucopio, e si appoggia ad un
Miliario. (9)

XXII

530 PIUS . SEXTUS . PONT . MAX . A . XV .
Effigie del Pontefice eguale all' antecedente.
TEMPLI. SUBLAC . CONSECRATIO ., nell'esergo
MDCCLXXXIX .
Il Pontefice con mitra assistito dal Clero con-
sacra la Chiesa di Subiaco. (9)

XXIII

531 PIUS . SEXTUS . PONT . MAX . AN . XVI .
Effigie del Pontefice eguale all' antecedente.
ANNONÆ . P . R . LIBERTATE . RESTITUTA .
nell'esergo MDCCXC .
Figura stante dell' Annona versa dal cornucopio grano, e spighe; con la sinistra regge
il timone, sotto il quale vedesi : G . H ., appresso v' è un carro da trasporto, e in distanza le reti per racchiudere i pascoli. Si
riferisce alle leggi Annonarie abolite dal Pontefice. (9)

XXIV

532 PIUS . SEXTUS . PONT . MAX . A . XVII.
Effigie del Pontefice eguale all' antecedente.
AGRO . POMPTIN . COLONIS . REST ., nell'esergo MDCCXCI .
La terra Pontina sedente coronata di spighe
mostra i campi asciugati, e calca i vasi, che
versano le acque indicanti i nuovi Canali;
nella destra ha il cornucopio, e si appoggia
sopra spighe. Allato vedesi l' aratro sotto il
quale: G . HAM . (9)

XXV

533 PIUS . SEXTUS . PONT . M . A . XVIII ., sotto
G . HAM . F .
Effigie del Pontefice eguale all' antecedente.
ANIENE . NAVICLARIIS . PATERE . JUSSO ., nel-
l'esergo MDCCXCII.
L' Aniene giacente coronato di Canne versa ac-
que: vedesi in distanza il Tempio Tiburtino
detto della Sibilla. (9)

XXVI

534 PIUS . SEXTUS . PONT . M . A . XIX ., sotto G .
H . F .
Effigie del Pontefice eguale all' antecedente.
PORTU . INSTAURATO . URBE . MUNITA ., nel-
l' esergo CENTUMCELLÆ .
La Città di Civitavecchia turrita ha nella destra l' asta, nella sinistra il Cornucopio; d'intorno arnesi militari, prora di nave, ed ancora. (8)

XXVII

535 PIUS . SEXTUS . PONT . M . AN . XX . , sotto H.
Effigie del Pontefice con mozzetta, e stola.
VELINO . IN . NAR . TERT . EMISSO . , nell'eser-
go MDCCXCIV .
Due Fiumi, che uniscono le loro acque, cioè
il Velino scaricato per la terza volta nella
Nera. (8)

XXVIII

536 PIUS . SEXTUS . PONT . MAX . A . XXI . , sotto
G . H .
Effigie del Pontefice eguale all' antecedente.
CLERO . GALLIA . PULSO . HOSPIT. ET . ALIM.
PRÆBITA .
Il Pontefice accoglie gli Ecclesiastici France-
si emigrati. (9)

P I O VII

I.

537 PIUS . VII . PONT . MAX . , sotto T . MERCAN-
DETTI . F . R .
Effigie del Pontefice con mozzetta, e stola.
REFULSIT . SOL . , nell' esergo PONTIFICAT.
SOLEMNITER . INEUNTE .
La Basilica Vaticana coi Portici illustrata dal
sole. L' idea di questo tipo, e l' iscrizione è
dell' egregio Sig. Cav. Gio. Gherardo de' Ros-
si. (8)

II

558 PIUS . VII . P . M . AN . I . , sotto G . HAMERANI.
Effigie del Pontefice eguale all' antecedente.
• ADVENTUI . OPT . PRINCIPIS . V . NON . QUIN-
CT., nell' esergo MDCCC .
Arco trionfale alla Piazza del Popolo fatto erigere dal Senato e Popolo Romano, come dalla
iscrizione : S . P . Q . R ., con disegno di Benedetto Piernicoli pel felice arrivo del Pontefice in Roma. (9)

III

539 PIO . VII . P . M . ANNO . I ., in altro giro: CREAT.
VENETYS . P . ID . MART . COR . XII . K .
AP . AN . CIƆIƆCCC.
Effigie del Pontefice eguale all' antecedente.
S . P . Q . R . , nell' esergo V . NON . JUL .
Arco eretto al Pontefice, sopra il quale la fi-
gura della Chiesa , e l'iscrizione : ADVEN-
TUI . PRINCIPIS . SACRATISS . (4)

IV

540 PIUS . VII . P . M . AN . II . , sotto J . HAME-
RANI .
Effigie del Pontefice eguale all' antecedente.
INEUNTE . PONTIFICATUM . SOLEMNITER.
Il Santo Spirito irradia il triregno , e le chia-
vi. (7)

V

541 PIUS . VII . P . M . AN . III . , sotto HAMERANI .
Effigie del Pontefice eguale all' antecedente.
REFULSIT . SOL .

Il Sole irradia la Basilica, ed il Palazzo Vaticano. (7)

VI

542 PIUS . VII . P . M . AN . IV . , sotto J . HAMERANI.
. Effigie del Pontefice eguale all' antecedente.
. MONETA . RESTITUTA . , nell'esergo MDCCCIII.
Figura di Roma galeata sedente con cornuco-
pio nella destra, e bilancia nella sinistra. Si
riferisce al nuovo sistema monetario stabilito
sotto il Tesorierato del def. Card. Alessandro
Lante. (7)

VII

543 PIUS . VII . PONT . M . AN . V .
Effigie del Pontefice con triregno, e piviale
ricamato.
PROMERCIOR . PRIVILEGIA . ABOLITA . , nell'
esergo MDCCCIV .
Figura sedente con biade nel seno ha d' in-
nanzi una prora di nave ; appresso il mog-
gio con spighe, ed il cornucopio rovesciato.
Sotto il sedile in piccolo carattere : J . HAM .
Si riferisce al libero commercio accordato dal
Motu-proprio del 1800 ., e Chirografi conse-
tivi. (8)

VIII

544 PIUS . VII . P . M . AN . V .
Effigie del Pontefice con mozzetta, e stola.
CAUSA . NOSTAÆ . LÆTITIÆ . , sotto J . HA-
MERANI .
Busto della Peatissima Vergine velata con
nimbo. (5)

IX

545 PIUS . VII . PONT . MAX ., sotto T . MERCAN-
DETTI . F . R .
Effigie del Pontefice eguale all' antecedente.
FUNDAMENTA . FIDEI ., nell' esergo MDCCCIV.
Busti de' Ss. Apostoli Pietro, e Paolo, sotto
il primo de' quali T . M . F . (8)

X

546 PIUS . VII . P . M . AN . VI .
Effigie del Pontefice eguale all' antecedente.
EX . GALLIA . REDEUNTI . POSTR . EID . MAI.,
nell' esergo P . MILVIUS . REST . MDCCCV.,
sotto J. HAM .
Il Ponte Molle risarcito, ed ornato sotto la direzione dell'Architetto Sig. Giuseppe Valadier. (9)

XI

547 PIUS . VII . P . M . AN . VII .
Effigie del Pontefice eguale all' antecedente.
SALINÆ . TARQUIN . INSTITUTÆ ., nell' eser-
go J . HAMERANI .
Figura stante con cornucopio ha ai piedi gli
utensili per la lavorazione de' Sali. Allude alle
Saline aperte a Corneto. (8)

XII

548 PIUS . SEPTIMUS . P . M . ANNO . VIII ., sotto T.
MERCANDETTI · F .
Effigie del Pontefice eguale all' antecedente.
EGO . DOMINUS . QUI . SANTIFICO . VOS .,
nell' esergo ANNO CIƆIƆCCCVII . VIIII . K .
JUN .

Il triangolo simbolo dell'Augusta Triade spande raggi sopra i nuovi Santi canonizati, e sono S. Francesco Caracciolo, S Benedetto Moro, S. Giacinta Mariscotti, S. Coleta, e S. Angela Merici. (8)

XIII

549 PIUS . VII . PONT . MAX . ANN . IX . , sotto T. MERCANDETTI . F .
Effigie del Pontefice eguale all'antecedente.
TU . DOMINUS . ET . MAGISTER . , nell' esergo EXEMPL . DED . VOBIS .
Nostro Signore lava i piedi a S. Pietro. (4)

XIV

550 PIUS . VII . PONT . MAX . ANN., X. sotto T. MERCANDETTI . F .
Effigie del Pontefice con camauro , e stola , nella quale leggesi : PAX .
Epigrafe simile all' antecedente , e nell' esergo EXEMPL . DEDI . VOBIS . T . M .
Nostro Signore lava i piedi a S. Pietro ; assiste altro Apostolo. (4)

XV

551 PIUS . SEPTIMUS . PONT . M . A . XV . , sotto T. MERCANDETTI . F . R,
Effigie del Pontefice con mozzetta , e stola .
RENOVATUM . PRODIGIUM . , nell' esergo S. PONTIFICIS . REDITUS , RELIGIONIS . TRIUMPHUS . A . D . MDCCCXIV.
L'Angelo libera S. Pietro dal Carcere ; sotto le figure si legge : MERCANDETTI . F . R.
L' idea del tipo , e l' iscrizione è del Sig. Cav. Gio. Gherardo De Rossi. (9)

XVI

552 POPULO . CHRISTIANO . PLAUDENTE . PIUS .
VII . P. M. PONTIFICIO . SOLIO , RESTITU-
TUS . ROMAM . INGREDITUR . DIE . XXIV .
MAII . MDCCCXIV . T. M. nel campo della
Medaglia.
Sopra l'iscrizione v'è una piccola testa di Moro.
RENOVATUM . PRODIGIUM ., nell' esergo T .
MERCANDETTI . ROMÆ . MDCCCXV.
L'Angelo circondato da raggj libera S, Pie-
tro dal Carcere . (8)

XVII

553 PIUS . SEPTIMUS . PONT . MAX. AN. XV. , sotto
BRANDT . F . ROMÆ .
Effigie del Pontefice con mozzetta , e stola .
Iscrizione, e tipo quasi eguale al N. XV.
Varia però il nome dell' Incisore scritto sotto
le figure , ch' è ; BRANDT . F . ROMÆ . (9)

XVIII

554 PIUS . VII . P . M . AN . XV . , sotto G. PASINA-
TI. F.
Effigie del Pontefice con triregno , e piviale
ricamato.
URBI . ET . ORBI , RESTITUTUS ., nell'esergo
FIDES . ET . CUSTODIA . MILITUM . CÆ-
SEN . ET . FOROCORNEL ., sotto G. PASI-
NATI . F.
Due guerrieri galeati , ed armati con clamide
custodiscono la Sedia Pontificia, ove è rica-
mato lo Spirito Santo fra raggj . (9)

XIX

555 PIUS . VII . P . M AN. XVI. ; sotto PASINATI .
Effigie del Pontefice con mozzetta , e stola .
DEDIT . GLORIAM . IN . IOCO ISTO ., nell'
esergo . DEIPARÆ . SIMULACRUM . SAVO-
NÆ . SOLEMNI . RITU . CORONAVIT .
La Religione genuflessa con triregno offre la
corona alla Beatissima Vergine di Savona , ed
ha nella sinistra la croce. Il tipo , e l'epigrafe è del lodato Cav. De Rossi. (8)

XX

556 PIUS . VII . PONT . MAX ., sotto PASINATI . F.
Effigie del Pontefice con triregno , e piviale
ricamato
EDUXIT . VINCTOS . IN . FORTITUDINE .
La Colonna simbolo della Fortezza, l'ancora
della Speranza , e gli ulivi della Pace sostengono lo stemma gentilizio del sommo Pontefice . (9)

XXI

557 PIUS . SEPTIMUS . PONT .MAX. ANNO . XVII. ,
sotto BRANDT . F.
Effigie del Pontefice eguale all'antecedente.
BONONIA . FERRARIA . ÆMILIA . PICENO . BE-
NEVENTO . FREGELLIS. PONTIFICIÆ . PO-
TESTATI . RESTITUTIS. A. D. MDCCCXV .
BRANDT . F. nell'esergo .
Le sei Provincie ritornate sotto il Pontificio
Dominio indicato dal Padiglione con le chia-
vi , e sono le Legazioni di Bologna , di Fer-
rara , e della Romagna da un lato ; dall' al-

tro il Piceno , Benevento , e Ponte Cor-
vo . (10)

XXII

558   Iscrizione , e tipo eguale al N. XX:
CONSTANTIA . PRINCIPIS . PROVINCIÆ . RE-
CEPTÆ . , nell'esergo A . MDCCCXV. PASI-
NATI . F.
La Chiesa radiata sedente con la sinistra ap-
poggiata a colonna , sopra la quale il taber-
nacolo , riceve dalla Pace stante con ramo di
Olivo la carta topografica delle indicate Pro-
vincie ritornate al Dominio Pontificio . (9)

XXIII

559 PIO . VII . PONT . MAX . ANN . XVIII . , sotto T.
M. in cifra .
Effigie del Pontefice con triregno , e piviale
ricamato .
MONUMENTORUM . VETERUM . RESTITU-
TORI .
Il gruppo del Laocoonte ritornato con gli
altri monumenti dalla Francia. (10)

XXIV

560 PIUS . SEPTIMUS . PONT . MAX . ANNO . XIX. ,
sotto PASSAMONTI.
Effigie del Pontefice con triregno , e piviale,
nel quale il simbolo della Trinità , il Santo
Spirito , e la Santissima Concezzione .
LEGES. LATÆ., nell'esergo MDCCCXVIII. S. PAS-
SAMONTI..
Figura della Giustizia sedente sopra armi ha
nella destra la bilance , e nella sinistra il cor-
nucopio , ed il ramo di Olivo . Si riferisce al

Motu-proprio del 22. Novembre 1817., che
approvò il nuovo Codice di Procedura. (10)

XXV

561 PIUS . VII . P . M . AN . XIX . , sotto PASINA-
TI . F.
Effigie del Pontefice con mozzetta, e stola.
TU . DOMINUS . ET . MAGISTER . , nell'esergo
EXEMPL . DED . VOBIS . .
Nostro Signore lava i piedi a S. Pietro . (4)

XXVI

562 PIUS . SEPT . PO . MAX . AN . XX . , sotto S.
PASSAMONTI.
Effigie del Pontefice con triregno, e piviale
ricamato .
VIIS . ALVEIS . ET . OP . PUBL . , nell'esergo
CONLEGIO . CONSTITUTO . , sotto S. P.
L'Architettura con compasso, e libro stà innanzi ad edificio di sei colonne, a piè del
quale giacciono il Tevere con cornucopio, e
vaso, onde esce acqua, e Donna con ruota
indicante le strade . Allude al Consiglio d'Arte
stabilito dal Motu-proprio del 23. Ottobre
1817. (10)

XXVII

563 PIUS . VII . P . M . AN . XX . , sotto PASSA-
MONTI .
Effigie del Pontefice eguale all'antecedente .
TU . DOMINUS . ET . MAGISTER . nell'esergo
EXEMP . DEDI . VOBIS .
Nostro Signore lava i piedi a S. Pietro . (5)

XXVIII

564 PIUS . VII. PONTIFEX . MAXIMUS . ANN. XXI., sotto MERCANDETTI . ROMÆ.
Effigie del Pontefice con triregno, e piviale.
FRANC . I . AUSTR . IMP . IN . QUIRINALI. HO-
SPES ., nell' esergo ANNO . MDCCCXIX.,
sotto T. MERCANDETTI . FEC . MDCCCXX.
L' Imperatore e l' Imperatrice d'Austria sono
accolti dal Pontefice nelle Camere del Qui-
rinale . (10)

XXIX

565   Iscrizione, ed Effigie eguale all'antecedente.
ACCADEMIIS . ARCHIGYMNASII . ROMANI.
Gira attorno una corona . (10)

XXX

566 PIUS . VII . PONT . MAX . ANN . XXI ., sotto T.
MERCANDETTI . F . ROMÆ . MDCCCXX.
Effigie del Pontefice con mozzetta, e stola.
TU . DOMINUS . ET . MAGISTER ., nell' esergo
EXEMP . DEDI . VOBIS .
Nostro Signore lava i piedi a S. Pietro . (5)

XXXI

.567 PIUS . VII . PONT . MAX . ANNO . XXII ., sotto
T . MERCANDETTI . F . MDCCCXXI.
Effigie del Pontefice eguale all'antecedente.
S . FRANCISCI . SEPULCHRUM . GLORIOSUM .,
nell' esergo MDCCCXVIII., e sotto T. M. in
cifra .
I Religiosi Conventuali assistono coi Vescovi
destinati dal Pontefice al riconoscimento del

Corpo di S. Francesco in Assisi . Sopra la
Cassa è scritto SERAF. (10)

XXXII

568 PIUS . SEPTIMUS PON . MAX. ANNO . XXIII. ,
sotto GIU . CERBARA . F.
Effigie del Pontefice con triregno , e piviale
ricamato con lo stemma del Pontefice .
NOVUM . MUSEUM . PIUM . A . D . MDCCCXXII.
nell' esergo; sotto CERBARA . F.
Il nuovo Braccio del Museo Vaticano eretto
da Pio VII. con architettura del Cav. Raffaele
Stern . (10)

XXXIII

569   Iscrizione, ed Effigie simile all'antecedente.
BENEMERENTI . in corona di Quercia .
Questa Medaglia si distribuiva in premio ai
Benemeriti in qualunque ramo di Scienza,
Arti , e Lavori . (10)

XXXIV

570 PIUS . VII . PONT . MAX . ANN . XXIIII. , sotto
T . MERCANDETTI . F. ROMÆ. MDCCCXXI.
Effigie del Pontefice con mozzetta , e stola .
TU . DOMINUS . ET . MAGISTER . , nell' esergo
EXEMPL . DED . VOBIS .
Nostro Signore lava i piedi a S. Pietro . A
schiarimento delle Medaglie tutte , con tale
Epigrafe fin quì descritte , giova avvertire
essere antico uso di ciascun Pontefice il co-
niarle e distribuirle nel giorno della Lavanda
della Settimana Santa . (4)

XXXV

571 PIUS. SEPTIMUS. PONT. MAX. ANNO. XXIV.,
sotto GIROMETTI. F.
Effigie del Pontefice con triregno, e piviale
ricamato.
AREA. FLAMINIA. EXORNATA., nell' esergo
A. MDCCCXXIII., sotto G. GIROMETTI. F.
La Piazza del Popolo circondata di nuove Fabbriche di ornamento con direzione dell' Architetto Giuseppe Valadier. (10)

XXXVI

572 Iscrizione, ed Effigie simile all'antecedente.
DE. SALUT. PUB. BENEMERENTI. entro corona di Quércia; sotto L. G.
Questa Medaglia fù battuta per premiare quel-
li, che si distinguevano nell' innesto del va-
jolo ordinato dall' Eminentissimo Consalvi allora Segretario di Stato con replicati Editti
del 20. Giugno, e 4. Novembre 1822. (10)

CPSIA information can be obtained at www.ICGtesting.com
Printed in the USA
LVOW091613250312

274684LV00009B/19/P